Pater Dr. Slavko Barbarić OFM

Schule der LIEBE

Übersetzung:
Mag. Elisabeth Starsits

Medjugorje-Buchreihe Band 7

Sep[illegible] 1996

CIP-Titelaufnahme der Deutschen Bibliothek

SCHULE DER LIEBE
Medjugorje-Buchreihe Band 7
Herausgeber: Gebetsaktion Medjugorje, Wien
Gebetsaktion Medjugorje
Wien, A-1153, Postfach 18
ISBN 3-901228-14-4

3. Auflage

BESTELLADRESSE: GEBETSAKTION MEDJUGORJE
Postfach 18, A-1153 Wien
Druck: Hermagoras, A-9073 Viktring
ISBN 3-901228-14-4

Vorwort

In der Musik gibt es den Ausdruck „Durchführung“ für die Verarbeitung eines Themas. Die großen Meister verstanden es, den Reichtum zu entfalten, der in einer einzigen Melodie eingeschlossen ist. Wie in der Durchführung einer großen Symphonie breitet Pater Slavko Barbarić den unergründlichen Reichtum in diesem Buch aus, den das Wort Liebe in sich schließt. Er geht dabei von den Botschaften von Medjugorje aus, in denen sich Maria Gottes Liebe zu eigen macht und an die Menschen weiterschenkt, und er macht bewußt, daß diese Liebe unsere Gegenliebe fordert. Pater Slavko fügt seine Darlegungen in ein Schema ein: Der jeweiligen Botschaft folgt ein betrachtender Kommentar, eine Schriftstelle beschließt die einzelnen Abschnitte. Durch die konsequente Beibehaltung dieses Schemas bekommt die Darstellung besondere Dichte, der gleichbleibende Aufbau der Kapitel führt zu einem Rhythmuserlebnis, das den Leser fesselt, ihm aber auch den Überblick erleichtert. Die Botschaften sind nach ihrer zeitlichen Abfolge geordnet, wodurch erkennbar wird, daß ihnen in ihrer Aufeinanderfolge ein erzieherisches Moment innewohnt, aber auch, daß sie zum Wachstum in der Liebe anleiten wollen. Es macht betroffen, wie oft und mit welcher Innigkeit in den Botschaften uns die Liebe Gottes und Mariens zugesagt wird.

Die betrachtenden Kommentare stehen zwischen einer Botschaft und einem inhaltlich mit ihr korrespondierenden Abschnitt aus der Heiligen Schrift. Die wesentliche Übereinstimmung der Botschaften mit der Bibel ist Grundlage für dieses Bezugnehmen. Die Betrachtungen sind untergeteilt auf theologischen Gehalt, praxisbezogene Aspekte und Verbindungen zu aktuellem Geschehen in den Botschaften. Es ist dabei nicht immer leicht, den Gedankengängen des Verfassers zustimmend zu folgen. Die die Abschnitte beschließenden Schriftstellen machen deutlich, daß die Botschaften zu Gott, zu Jesus und zu einem tieferen Verständnis der Bibel führen.

Unabhängig von der chronologischen Anordnung der Botschaften stellt jeder der 62 vorgelegten Abschnitte eine in sich abgeschlossene Betrachtung dar. Die einzelnen Kapitel können als „täglich konkrete Übung" angesehen werden, die bei konsequenter Treue ein Weg zu innerlichem Wachsen, Reifen und Erstarken sind, wie es in einer der Betrachtungen heißt.

An den Abschluß der langen Reihe von Botschaften, Betrachtungen und Schriftzitaten stellt Pater Slavko ein Selbstbekenntnis, ein Zeugnis für die

Kraft der Liebe, die allen Haß zu besiegen und den Frieden zu bringen vermag. Ein Gebet um Liebe mit fünf „Geheimnissen" für einen „Rosenkranz der Liebe" beschließen das Buch. Mögen es viele zur Hand nehmen und darin betrachtend lesen, damit es in ihren Herzen Frucht bringen kann.

Msgr. Dr. Kurt Knotzinger

Prolog

... und wieder erbringt uns Pater Dr. Slavko Barbarić mit seinem neuesten Band einen Beweis dafür, wie originell und exzellent religiöse Lektüre sein kann. Auf engstem Raum konzentriert sich eine Vielzahl funkelnder Edelsteine, die die Dunkelheit erhellen und dem Lebensschiff des Menschen den Kurs durch die stürmische See weisen, damit es sicher in den Hafen der Erlösung einlaufen kann.

Während die vorangegangenen Bände von Pater Slavko Barbarić die Quintessenz des christlichen, evangelikalen Lebens behandelten, ist sein neuestes Buch auf Texten des Evangeliums aufgebaut. Alle diese Texte beziehen sich auf die Liebe. Der Begriff Liebe dient zugleich als Synonym und Symbol für Gott und Jesus. Die Liebe hat Gott dazu bewogen, Mensch zu werden und für den Menschen am Kreuz zu sterben. Kraft der allumfassenden und immerwährenden göttlichen Liebe liebt der Sohn Gottes Seinen Vater über alles und Seinen Nächsten wie sich selbst. Dieser religiöse Band will die mündungslose Quelle und den uferlosen Ozean der göttlichen Liebe näher beleuchten. Aus gegebenem Anlaß konzentrieren sich die religiösen Betrachtungen auch auf die Erscheinungen und die sich seit 12 Jahren abzeichnende religiöse Bewegung an der geheiligten Stätte der Königin des Friedens in Medjugorje.

Am Beginn jedes neuen Kapitels steht in chronologischer Reihenfolge eine Botschaft der Gottesmutter, die uns durch die Seherin Marija Pavlović übermittelt wurde. Das Hauptanliegen dieser Botschaften konzentriert sich auf die reine, echte evangelikale Liebe, zu der uns die Gottesmutter aufruft.

Nach jeder näheren Auslegung der Botschaft Mariens liefert der Autor Denkanstöße, die von den ewig gültigen Texten aus dem Evangelium untermauert werden. Zur Bekräftigung des Gesagten wird jedes Kapitel durch einen entsprechenden Auszug aus der Heiligen Schrift abgeschlossen. So entsteht vor dem geistigen Auge des Lesers das Bild eines kompakten Materials, gewebt aus den Botschaften der Gottesmutter, den diskreten Impulsen des Autors und dem Wort Gottes. Naheliegend wäre auch der Vergleich mit drei Strähnen, die sich zu einem harmonischen Dreigeflecht verbinden und alles einbinden, was das Leben des gläubigen Menschen untrennbar mit Gott verknüpft.

Eines kann mit Sicherheit garantiert werden: Langeweile wird bei der Lektüre dieses Buches nicht aufkommen. Der konzentrierte Leser wird vielmehr erfahren, daß sein Leben zumindest durch einige geistige Gedankensplitter reicher und heller geworden ist.

Jakov Bubalo

Einleitende Gedanken

Lieber Leser!

Nimm diesen Band zur Hand. Er wurde mit viel Liebe geschrieben und will von der Liebe der Mutter zeugen, die ihre Kinder liebt und zu ihnen spricht. Ihre warmen Worte berühren die Herzen der Kinder und werden gern aufgenommen. Schenke auch Du ihnen Gehör. Jedes Kapitel dieses Buches beginnt mit einer Botschaft, in der die Gottesmutter voll Liebe von der Liebe spricht. Laß uns im Anschluß an ihre Botschaften, die sie stets mit den mütterlichen Worten „Liebe Kinder!" einleitet, gemeinsam über ihre Belehrungen nachsinnen. Konzentriere Dich danach auf die ausgewählten Gedanken aus dem unerschöpflichen Reichtum des göttlichen Wortes, das uns allen als geistige Nahrung und als himmlisches Brot des Lebens gereicht wurde, damit die Seele gesundet und wir das Heil erlangen. Mit ihren zärtlichen, ermutigenden, nachdrücklichen, manchmal auch vorwurfsvollen Worten zeigt uns die Gottesmutter, wie innig sie jeden einzelnen von uns liebt. Sie will uns in ihre Obhut nehmen und uns zu gläubigen, liebenden und hoffenden Menschen erziehen. Sie will uns helfen, das irdische Joch abzuwerfen und uns in die Sphären der lebensspendenden Liebe und der unvergänglichen Schönheit erheben. Noch sind unsere Antlitze verzerrt, die Herzen verwundet, Familien zerrüttet, die Luft ist verpestet und Freundschaften zerbrechen. Wir tragen schwer daran. Der Tod lauert auf Schritt und Tritt, und die Liebe ist erkaltet. Die Mutter aber verspricht uns, daß wir durch die Liebe wieder Schönheit erlangen. Alles Häßliche wird schwinden, und der Tod wird überwunden sein.

Dieses Wunder kann nur die Liebe vollbringen!

Werde auch Du ein Schüler Mariens. Erhebe Deinen Blick, und Du wirst von der göttlichen Schönheit geblendet sein. Du wirst leichten Herzens durch das Tal des Todes wandern, weil Dir schon das Morgenrot des Lebens leuchtet!

Siehe, hier, Deine Mutter!

Gibt es etwas Schöneres, als in eine Schule zu gehen, in der Liebe gelehrt wird? Wer von der Mutter unterrichtet wird, geht in die Schule der Liebe und wer in die Schule der Liebe gehen will, muß unweigerlich von der Mutter unterwiesen werden. Die Seher, die Pfarrgemeinde von Medjugorje, die Pilger aus allen Teilen der Welt, die Gebetsgemeinschaften und sonstige Gemeinschaften, viele einzelne und auch die gesamte Kirche gehen schon seit über zwölf Jahren in die Lebensschule der Mutter Christi und somit der Mutter der Kirche, Mutter aller Mütter, aller Väter und aller Kinder und Mutter der gesamtem Menschheit. Sie alle gehen in die Schule der Liebe! Maria, die uns in treuer Liebe angenommen hat und die den Tod ihres Sohnes voll Liebe miterlitten hat, hat auch uns in ihre Schule aufgenommen. Während ihr Sohn am Kreuze starb, vernahm sie blutenden Herzens die Worte: „Mutter, siehe hier dein Sohn!" In dieses Vermächtnis ihres sterbenden, sein irdisches Leben aushauchenden Sohnes sind alle Menschenkinder bis ans Ende der Welt eingeschlossen. Sie hat den Tod ihres einzigen Sohnes angenommen, damit alle Menschen erlöst werden. Die Mutter hat ihren Sohn aber nicht verloren. Sie hat ihr Herz voll Liebe allen Kindern weit geöffnet und ist unser aller Mutter geworden! Diesmal konnte der Tod kein Leben zerstören und der Mutter ihren Sohn nicht entreißen. Durch diesen Tod hat das Leben grenzenlose Dimensionen erlangt.

Allein die Macht der Liebe vermag den Augenblick des Todes in den Beginn neuen Lebens zu verwandeln, Trauer in Freude übergehen zu lassen, Vergänglichkeit mit der Ewigkeit zu verschmelzen und die Einsamkeit durch die Gemeinsamkeit zu vertreiben. Die Liebe ist allmächtig. Sie verleiht uns die Kraft, unseren Mitmenschen zu lieben und wendet alles zum Guten.

Maria Mutter nennen zu dürfen, unter ihrer Obhut zu stehen, sich ihr hingeben zu können und gleichzeitig von ihr unterwiesen zu werden, ist ein reiches Geschenk und eine große Gnade. Maria ist die Mutter und Lehrerin Christi und sie will es auch für die gesamte Menschheit sein. Sie war die erste, die aus der Quelle der göttlichen Liebe getrunken hat, und darum ist sie die Mutter der Liebe. Sie will allen ihren Kindern diese Quelle der Liebe offenbaren, denn diese Quelle schafft erst die Grundlage für unser Dasein. Genauso wie unser Organismus des Sonnenlichts bedarf, um störungsfrei funktionieren zu können, bedürfen Geist und Seele der ewigen Liebe. Könnten uns die Strahlen der Sonne nicht mehr erreichen, würde alles zu Eis erstarren und wir wären der Finsternis und dem ewigen Tod ausgeliefert. Entfernen wir uns von der Quelle der Liebe, bedeutet das nichts anderes, als die völlige Zerstörung der Welt. Maria ist die Mutter der Liebe und des Lebens. Sie weiß, wie wir zur Quelle gelangen können. Sie begleitet uns auf dem Weg und treibt uns voran, denn sie will, daß wir leben!

„Warum bist du so schön?"

Fasziniert von der Schönheit der Mutter, dessen Antlitz sie schauen darf, stellt die Seherin Jelena Vasilj voll Freude und Enthusiasmus eine Frage, die jedes Kind einmal seiner Mutter stellt: „Warum bist du so schön?"

Die Gottesmutter antwortet mit einem Anflug von Lächeln: „Ich bin schön, weil ich liebe. Wollt auch ihr schön sein, so liebt einander!"

Jedes Menschenherz sehnt sich nach Schönheit. Schönheit beglückt und beruhigt, sie macht den Menschen edler und besser und läßt das Leben lebenswerter erscheinen. Die Schönheit öffnet das menschliche Herz, während es die Häßlichkeit verschließt und versteinert. Darum scheut das Herz die Häßlichkeit und hat Sehnsucht nach der Liebe.

Aus diesem Grunde strebt die Welt unermüdlich nach Schönheit. Gemeint ist jedoch nicht die äußere Schönheit, sondern die viel bedeutendere Schönheit, die sich durch die Liebe der Mutter, des Vaters, der Schwester, des Kindes oder eines Freundes äußert, durch die zwischenmenschliche Beziehung, die Gemeinschaft, durch die Geschöpfe Gottes und die durch Menschenhand geschaffenen Werke.

Wir alle wissen, daß eine liebende Mutter ihr Kind nie häßlich finden würde. Da sie es liebt, würde sie es nie ablehnen. Aus diesem Grunde sind alle Kinder schön, und auch jedes Kind empfindet seine Mutter als schönste Mutter. Niemand wird bezweifeln, daß für eine Mutter ihr Kind das Schönste ist, das sie auf Erden besitzt. Und so ist jeder Mensch schön, denn er bleibt auch dann noch Kind, wenn er bereits erwachsen ist.

Alle Menschen sind schön und wert, geliebt zu werden!

Unsere Schönheit spiegelt sich in der Schönheit der anderen wider!

Nun drängt sich aber die Frage auf: Wie kann es dann so viele unglückliche Menschen geben, und warum müssen die anderen erst so viele Bedingungen erfüllen, bevor wir bereit sind, ihnen unsere Liebe zu schenken? Es besteht doch kein Zweifel darüber, daß wir nur miteinander schön und glücklich werden können!

Die Antwort liegt in unserer mangelnden Liebesbereitschaft und unserer Sehnsucht nach Liebe.

Weder Jahre, Alter, Krankheit noch sonstige negative Einflüsse können unserer Schönheit schaden. Wir sind schön, denn wir werden von der schönsten aller Mütter geliebt. Je intensiver unsere Liebe wird, desto deutlicher werden wir die Schönheit der anderen wahrnehmen und auch sie werden unsere Schönheit erkennen.

Wenn Ihr wüßtet ...

Das Leben des Menschen, der liebt und geliebt wird, ist — ungeachtet seiner Lebensumstände — von Sinn und Freude erfüllt. Wer geliebt wird, braucht nicht nach dem Sinn des Lebens zu fragen, und wer liebt, erfüllt die Aufgabe, die ihm das Leben stellt. Je größer, hingebungsvoller, inniger und selbstloser unsere Liebe ist, desto schöner und leichter wird unser Leben sein.

Die Seher haben uns auch folgende Worte der Gottesmutter übermittelt: „Liebe Kinder! Wenn ihr wüßtet, wie sehr ich euch liebe, würdet ihr vor Freude weinen!“

Das sichere Gefühl, geliebt zu werden und auch selbst zu lieben, trägt in höchstem Maße zu unserem Wohlbefinden bei. Der Mensch von heute fühlt sich oft müde und ausgelaugt. Die körperliche Müdigkeit stellt schon ein Problem dar, um wieviel schwerer wiegt jedoch die geistige Müdigkeit! Diese wird sowohl durch mangelnde Liebesbereitschaft heraufbeschworen als auch durch das fehlende Gefühl der Geborgenheit, das uns beschleicht, wenn wir uns nicht geliebt fühlen. Jeder müde Mensch sehnt sich nach Ruhe, um wieder zu Kräften zu kommen. Manch einen hat aber das Leben so müde gemacht, daß er seinen einzigen Ausweg darin sieht, seinem Leben ein Ende zu setzen.

Die Liebe ist das probateste Mittel, um die Müdigkeit zu überwinden. Sie läßt uns unser Kreuz und die Last des Alltags leichter erscheinen. Wer liebt und wiedergeliebt wird, fühlt sich gesund, sein Leben ist beschwingt und heiter, und der Tod verliert seinen Schrecken. Wer in der Liebe ruht, bleibt auch im größten Erfolg bescheiden, und Mißerfolge werfen ihn nicht aus der Bahn. Gott liebt uns so innig, daß unser Herz vor Freude zerspringen müßte. Seine Liebe verbannt die Müdigkeit aus unserem Leben, und wir können uns an allen Menschen und all Seinen Geschöpfen erfreuen. Seine Liebe ist an keine Bedingungen gebunden und sie verlangt auch keine Gegenleistung. Wir müssen nur bereit sein, diese Liebe anzunehmen. Wir dürfen uns von der begrenzten und berechnenden menschlichen Liebe nicht zermürben lassen, sondern müssen vor Freude springen und singen, denn uns wird göttliche Liebe zuteil. Um von Gott geliebt zu werden, müssen wir nicht erst unser Leben ändern. Er liebt uns, damit wir besser werden und so die Vollkommenheit erlangen, nach der sich unser Herz sehnt. Außer einer Mutter erwarten alle Menschen, daß man ihren Vorstellungen entspricht und erst dann sind sie bereit, Liebe zu schenken. Die göttliche Liebe aber ist anders!

Sobald wir uns dieser Liebe öffnen, werden auch die Menschen in unserem Umfeld glücklich, freudig, friedlich und lebensfähig sein.

Darum sollten wir die Gnade erbitten, allen Menschen unsere Liebe zuteil werden zu lassen, damit auch sie voll Freude springen können. Wir haben guten Grund zu lieben, und Gott hilft uns dabei. Er verkündet uns durch den Mund Mariens: „Wenn ihr wüßtet, wie sehr ich euch liebe, würdet ihr vor Freude weinen!"

Der schönste und zugleich schwierigste Auftrag

Während einer Erscheinung fragte die Seherin Marija Pavlović die Gottesmutter: „Könntest du mir persönlich etwas Konkretes sagen?" Maria antwortete: „Ich schenke dir meine Liebe, damit du sie an andere weitergeben kannst!"

Einmal fragte ich die Seherin, ob sie aus allen Botschaften den schönsten und zugleich schwersten

Auftrag herausfiltern könnte. Sie dachte kurz nach und erinnerte sich dann an ihre Frage und die oben erwähnte Antwort der Gottesmutter.
Ich wollte von ihr wissen, warum ihr gerade dieser Auftrag so schön, aber so schwer erscheint. Die Seherin antwortete: „Die Schönheit der Liebe der Gottesmutter zu erleben und zu wissen, daß sie mir diese Liebe schenkt, ist das Schönste, das mir auf Erden widerfahren kann. Wenn aber ich die mir geschenkte Liebe weitergeben will, dann fällt mir das äußerst schwer. Ich muß dann an die allumfassende, mütterliche Liebe der Gottesmutter denken und ich schäme mich meiner eigenen mangelnden Liebesbereitschaft." „Und wie willst du das ändern?" bohrte ich weiter.
Die Seherin antwortete: „Ich bete jeden Tag darum, für die Liebe der Gottesmutter möglichst offen zu sein, um sie an andere weitergeben zu können und ich bete, daß die anderen diese Liebe auch spüren und sie wiederum an andere weitergeben. Wir sind noch weit davon entfernt, einander zu lieben und das bedeutet, daß wir auch von der Liebe Gottes weit entfernt sind. Je näher wir aber der Liebe Gottes sind, desto leichter wird unser Leben sein und umso leichter werden wir Seine Liebe anderen weiterverkünden." Ich bin überzeugt, daß auch wir nichts Besseres tun können, als im täglichen Gebet das Geschenk der Liebe zu erbitten, um das Schönste zu erleben und das Schwerste verwirklichen zu können.

Ein Gefühl der Ohnmacht

Vom 1. 3. 1984 bis zum 8. 1. 1987 übermittelte die Gottesmutter durch die Seherin Marija Pavlović ihre Botschaften jeden Donnerstag, seit dem 25. 1. 1987 erfolgen die Botschaften nur noch einmal monatlich. Die Gottesmutter hatte diese Änderung angekündigt, aber nicht näher begründet.

Oft fragen sich die Menschen, wie denn die Seherin die Botschaften empfängt und umsetzt. Die Seherin erklärt, dies sei nicht mit einem Telefonanruf vergleichbar, auch nicht mit einem Diktat in der Schule, vielmehr wäre es ein tief empfundenes Gefühl, das sie dann umsetzt. Andererseits haben alle Seher den Eindruck, die Gottesmutter würde kroatisch sprechen. Ich möchte hier ein Beispiel anführen, um aufzuzeigen, wie wichtig diese Frage eigentlich ist.

Am 21. August 1986 hieß es in der Botschaft der Gottesmutter: „Liebe Kinder! Ich bedanke mich für all die Liebe, die ihr mir erweist. Ihr wißt, liebe Kinder, daß ich euch grenzenlos liebe. Ich bitte Tag für Tag den Herrn, daß Er euch helfe, die Liebe zu erfahren, die ich euch erweise. Deshalb, liebe Kinder, betet, betet, betet! — Danke, daß ihr meinem Ruf gefolgt seid!"

Nachdem die Seherin diese Botschaft übersetzt hatte, reichte sie mir das Papier mit der notierten Botschaft und sagte weinend: „Das ist keine Botschaft! Ich werde der Gottesmutter sagen, sie soll durch mich keine Botschaften mehr übermitteln!" Mir war unbehaglich zumute. Ich nahm das Blatt und las den notierten Text. Danach versuchte ich die Seherin davon zu überzeugen, daß die Botschaft doch wirklich schön sei und sie sie diesmal auch ohne den geringsten grammatikalischen Fehler notiert hätte. Es gelang mir nicht, die Seherin zu überzeugen, und sie weinte weiter. Später haben wir noch einmal über diesen Vorfall gesprochen, und es wurde uns beiden erst dann richtig bewußt, warum sie eigentlich geweint hatte.

Als die Seherin die Worte: Ihr wißt, daß ich euch grenzenlos liebe „hörte", vernahm sie die Worte nicht nur akustisch, sondern sie konnte die unermeßliche Liebe regelrecht fühlen. Als sie aber dann die Botschaft aufschrieb und dabei nur das leblose Papier mit den leblosen Worten in Händen hielt, fühlte sie im Herzen den großen Unterschied zwischen dem vernommenen und dem geschriebenen Wort. Das kam ihr wie ein Verrat an der Gottesmutter vor. Das reelle Erleben der unermeßlichen Liebe erfüllte die Seherin mit größter Freude und erweckte in ihr den Wunsch, diese Liebe an andere weiterzugeben. Tief im Herzen spürte sie jedoch, daß zwischen der erlebten Liebe und der Realisierung ihres Wunsches eine tiefe Kluft liegt. Sie konnte nicht anders, als bitterlich weinen.

Wer Liebe empfängt ist verpflichtet, sie auch weiterzugeben und treu, ehrlich und barmherzig zu sein. Wird Liebe nicht mit diesen Tugenden quittiert, so werden dem Herzen Wunden zugefügt und Tränen, Trauer und Angst werden zum ständigen Begleiter.

Die richtige Diagnose

Während ich dieses Buch schrieb und über die Botschaften und Belehrungen der Gottesmutter reflektierte, kam ich zu einer Erkenntnis, die mich im ersten Moment verblüffte, dann bestürzte und schließlich doch wieder optimistisch stimmte: Wir alle führen unser falsches Verhalten auf Nervosität, Ärger, Introvertiertheit, Ungeduld, Kränkung, Überreizung, Zerstreutheit, Müdigkeit und Zeitmangel zurück und bedenken gar nicht, daß es im Grunde nur mangelnde Liebesbereitschaft ist, die diese Phänomene erst aufkommen läßt. Wenn man jemanden liebt, so nimmt man sich für ihn Zeit, ist zu ihm freundlich und schenkt ihm seine Aufmerksamkeit und sein Mitgefühl. Ungeduldig und verschlossen ist man nur gegenüber ungeliebten Personen. Man hat auch schnell eine Entschuldigung parat: die Nerven ...

Das ist allerdings eine Fehldiagnose. Da man die Symptome nicht richtig erkannt hat, wendet man auch die falschen Mittel an, um das Übel zu beseitigen. Das Leiden kann erst recht ausbrechen. Wäre uns bewußt, daß unser Leiden nur auf einem Mangel an Liebe beruht, so könnte das Übel durch das Allheilmittel „Liebe“ problemlos auskuriert werden.

Der liebende Mensch hat Zeit, er ist ausgeglichen, aufmerksam und feinfühlig. Der gleiche Mensch wird aber, wenn er nicht liebt, stets unter Zeitdruck stehen, wird nervös und abgespannt sein und schnell seine Fassung verlieren.

Wer liebt, zeigt Verständnis für den anderen, er ist bereit, zu vergeben und alle Probleme auf friedlichem Wege zu lösen. Im umgekehrten Falle zerstört er sich selbst und auch die anderen. Wir sind dauernd Anspannung und Streß ausgesetzt, und nur die Liebe kann uns davor bewahren, die innere Ruhe und Gelassenheit zu verlieren. Sie bewahrt uns auch vor psychischen Erkrankungen und vielen organischen Leiden.

Der Weg der Liebe ist der Weg des Lebens!

In Liebe auserwählt und behütet

1. „Liebe Kinder! Ich habe diese Pfarre auf besondere Weise auserwählt und möchte sie führen. Ich behüte sie in Liebe und wünsche, daß ihr alle mein werdet. Ich danke euch, daß ihr heute Abend meinem Ruf gefolgt seid. Ich wünsche, daß ihr immer,

in immer größerer Anzahl, hier mit mir und meinem Sohn seid. Ich werde jeden Donnerstag eine besondere Botschaft für euch geben. " (1. 3. 1984)

2. Lieben heißt, offen zu sein für einen Menschen, für alle Menschen, für alle Geschöpfe und für Gott selbst. Je intensiver ein Mensch liebt, desto mehr öffnet er sich allen Menschen und desto leichter wird er zu ihnen Zugang finden. Die Verschlossenheit, bzw. die begrenzte Liebe, stellt Bedingungen, macht Halt vor Fremden, schließt Menschen aus oder lehnt sie ab. Die göttliche Liebe dagegen ist grenzen- und bedingungslos. Sie schließt alle Menschen und Geschöpfe ein. Alles wurde durch die Liebe erschaffen, und daraus folgt der logische Schluß, daß uns die göttliche Liebe auserwählt hat. Gott hat sich bedingungslos für uns entschieden. Keiner soll verloren gehen. Darum muß jeder Auserwählte behütet und beschützt werden. Liebe will vor Verlust, Zerstörung und Vernichtung bewahren und darum verfolgt die göttliche Liebe ihre Geschöpfe mit wachem Auge. Gott behütet uns mit Seiner Liebe. Uns zu verlieren, würde Ihm Kummer und Leid bereiten.

3. Maria wählt eine Pfarrgemeinde aus und behütet sie. Durch die Wahl einer Pfarrgemeinde wird nochmals unterstrichen, daß auch jeder einzelne auserwählt ist. Die Pfarrgemeinde ist an sich schon Kirche und daher ein Teil der großen Kirche. Andere Pfarrgemeinden sollten nicht eifer-

süchtig sein, sondern sich über die Tatsache freuen, daß überhaupt eine Gemeinde auserwählt wurde, denn das bestätigt den Mitgliedern aller Pfarrgemeinden, daß sie auserwählt und nicht vergessen sind. Maria will ihre Kinder beschützen und um sich versammeln, damit sie sich nicht verirren und nicht verloren gehen. Die Liebe strebt nach Einheit und sie schafft Einheit. Und darum will Maria, daß wir uns in möglichst großer Anzahl um sie versammeln.

Die Pfarrgemeinde antwortet auf die geschenkte Liebe damit, daß sie freudig am Geschehen Anteil nimmt. Wer sich geliebt fühlt, wird alles unternehmen, um dem, von dem er geliebt wird, ähnlicher zu werden und wird auf die Liebe mit Gegenliebe antworten. Zahlreiche Pilger bestätigen, daß sie diese Pfarrgemeinde als ihre eigene betrachten, gern wieder hierher zurückkehren und gern hier verweilen. Das kann als Zeichen dafür gedeutet werden, daß diesen Menschen bewußt ist, daß Gott durch Maria liebt, beschützt und die Seinen um sich schart.

4. „Gepriesen sei der Gott und Vater unseres Herrn Jesus Christus: Er hat uns mit allem Segen Seines Geistes gesegnet durch unsere Gemeinschaft mit Christus im Himmel. Denn in ihm hat er uns erwählt vor der Erschaffung der Welt, damit wir heilig und untadelig leben wie Gott; er hat uns aus Liebe im voraus dazu bestimmt, seine Söhne zu

werden durch Jesus Christus und nach seinem gnädigen Willen zu ihm zu gelangen, zum Lob seiner herrlichen Gnade. Er hat sie uns geschenkt in seinem geliebten Sohn." (Eph 1, 3—6)

Die Liebe erzieht

1. „Liebe Kinder! Ich danke euch, daß ihr eure ganze Mühe Gott gebt; auch jetzt, wenn Er euch durch die Früchte prüft, die ihr gerade erntet. Wißt, liebe Kinder, Er liebt euch, und deshalb prüft Er euch. Opfert immer alle Lasten Gott auf und seid nicht besorgt! — Danke, daß ihr meinem Ruf gefolgt seid!" (11. 10. 1984)

2. Die Gebetsgruppe, die sich um den Seher Ivan sammelt, verrichtet ihre Gebete vorwiegend im Freien auf dem Erscheinungsberg oder dem Križevac. Meistens wird mit dem Beten ab 21 Uhr begonnen. Manchmal treffen sich die Mitglieder der Gruppe aber auch erst um Mitternacht, um gemeinsam zu beten. Die Gottesmutter ruft uns auf, zu jeder Tages- und Nachtzeit, unter allen Witterungsbedingungen, sei es im Sommer oder Winter, bei Regen oder Kälte zu beten. Sie erscheint während des Gebetes dem Seher Ivan. Sind auch andere Seher anwesend, so erscheint sie auch ihnen.

Eines kalten, stürmischen Abends fragte ich Ivan, wie es denn möglich sei, daß die Gottesmutter an solch einem Abend zum Gebet auf den Križevac ruft. Es wird doch behauptet, sie sei eine besorgte Mutter und doch ruft sie so spät in der Nacht und bei dieser Kälte zum Gebet auf. Wäre es in diesem Falle nicht viel vernünftiger, zu Hause im Warmen zu bleiben? Meine Frage konnte den Seher von seinem Vorhaben nicht abhalten. Er wunderte sich nur, wie man so eine Frage überhaupt stellen kann und meinte: „Wer dich liebt und um dich besorgt ist, muß auch den Mut haben, etwas von dir zu fordern!"

Weder die Gruppe der Betenden noch die Seher fragen nach dem Wieso und Warum. Sie folgen dem Aufruf und befolgen, was ihnen aufgetragen wird.

3. Mich machte die Antwort des Sehers sprachlos, und ich dachte bei mir: „Wenn ihr es in Ordnung findet, so werdet glücklich dabei!" Langsam dämmerte mir aber doch, welch tieferer Sinn sich hinter dieser Aufforderung verbirgt: Die Liebe will nicht verzärteln und uns dadurch zu Schwächlingen machen, sie wendet weit effektivere Mittel an, um uns zu erziehen. Liebe ist fordernd, aber auch bereit, sich für den anderen zu opfern. Sie will den einzelnen nicht vor einem Opfer oder einer Versuchung, dem Kreuz oder der Krankheit bewahren, sondern sie will ihn befähigen, sein Leben zu meistern. Wer geliebt wird, ist in der Lage, Liebe weiterzuverschenken. Seine Liebe wird immer reifer

und größer. Man denke nur an eine liebende Mutter, deren Kind krank ist. Die Mutter wird als erste spüren, wann der Zeitpunkt gekommen ist, um ihr Kind ins Spital zu bringen, damit es operiert wird und wieder gesund werden kann. Sie schreckt vor dem Schmerz nicht zurück, da sie ja seine Gesundheit will. Wer seinen Garten liebt, wird ihn nicht unbestellt lassen. Er wird das Unkraut jäten und den Boden auflockern, damit er reiche Früchte ernten kann. Darin liegt der Sinn aller Prüfungen und allen Ausharrens.

4. „Als er auf Erden lebte, hat er mit lautem Schreien und unter Tränen Gebete und Bitten vor den gebracht, der ihn aus dem Tod retten konnte, und er ist erhört und aus seiner Angst befreit worden. Obwohl er der Sohn war, hat er durch Leiden den Gehorsam gelernt; zur Vollendung gelangt, ist er für alle, die ihm gehorchen, der Urheber des ewigen Heils geworden . . . " (Hebr 5, 7—9)

Die Liebe strebt danach, den Geliebten zu erleben

1. „Liebe Kinder! Ihr seid ein erwähltes Volk, und Gott hat euch große Gnaden gegeben. Ihr seid euch nicht jeder Botschaft, die ich euch gebe, bewußt. Jetzt möchte ich nur sagen: Betet, betet, betet! Ich weiß nichts anderes zu sagen, weil ich

euch liebe und weil ich wünsche, daß ihr im Gebet meine und Gottes Liebe erkennt. — Danke, daß ihr meinem Ruf gefolgt seid!“ (15. 11. 1984)

2. Wer liebt, steht immer in persönlichem Kontakt mit der geliebten Person. Die Liebe konzentriert sich nicht auf eine unpersönliche Menschenmasse, sondern kennt jeden einzelnen, entscheidet sich für jeden einzelnen und verschenkt sich an jeden einzelnen. Das ist das wahre Wesen der Liebe. Wer sich nicht an einen anderen Menschen persönlich verschenkt, der liebt nicht. Die Liebe verschenkt sich an die geliebte Person und findet darin ihre Verwirklichung. Der Liebende und der Geliebte reifen, wachsen und werden fähig, noch inniger zu lieben und noch mehr Liebe zu verschenken. Die Liebe versiegt nie, denn Liebende erwidern Liebe immer mit Gegenliebe. Die Liebe währt ewig und der Himmel besteht im Schenken von Liebe und im Annehmen der Liebe. Lieben heißt daher, immer mehr danach zu streben, den Geliebten noch intensiver zu erfassen. Wer Gott liebt, erlebt Ihn immer mehr und liebt Ihn auch immer mehr.

3. Die göttliche Liebe, die sich durch Maria offenbart und die zu ihrer eigenen Liebe wird, erlebt der Mensch im Gebet, denn das Gebet ist eine Kommunikation mit Gott. Beim Beten reift und wächst die Liebe zu Gott und zur Mutter Maria. Was man nicht kennt, das liebt man auch nicht.

Der Mensch wächst und reift, indem er die Liebe Gottes erkennt, sie annimmt und auf die Liebe Gottes mit seiner Liebe antwortet. Auf diese Weise besiegt das Leben den Tod, denn Liebende akzeptieren den Tod nicht. Wo aber keine Liebe herrscht und Liebe nicht erlebt wird, herrschen Tod, Finsternis, ewige Verdammnis und Verderben.

Maria weist uns den Weg. Der Mensch soll beten, und er soll sich für das Gebet freiwillig entscheiden. Wenn uns das Beten schwerfällt und wir nach Gründen suchen, um das Gebet zu umgehen, sind wir geneigt, uns selbst und auch anderen etwas vorzumachen. Wer zum Beten keine Zeit hat, liebt Gott nicht und wird Ihn auch nicht erleben können. Wenn beim Beten Schwierigkeiten auftauchen, muß das nicht unbedingt als schlechtes Zeichen ausgelegt werden. Es kann auch als neuerlicher Beweis dafür dienen, daß wir lieben und trotz aller Schwierigkeiten eben bestrebt sind, in unserer Gotteserkenntnis zu wachsen.

4. „Ich bin der gute Hirt. Der gute Hirt gibt sein Leben hin für die Schafe. Ich bin der gute Hirt; ich kenne die Meinen, und die Meinen kennen mich, wie mich der Vater kennt und ich den Vater kenne; und ich gebe mein Leben hin für die Schafe." (Joh 10, 11. 14. 15.)

Der Liebe fähig sein oder der Liebe unfähig sein

1. „Liebe Kinder! Nein, ihr könnt nicht lieben, und ihr könnt nicht mit Liebe die Worte hören, die ich euch gebe. Seid euch bewußt, meine Lieben, daß ich eure Mutter bin und daß ich auf die Erde gekommen bin, um euch zu lehren, aus Liebe zu gehorchen, aus Liebe zu beten, und nicht, weil ihr durch das Tragen eures Kreuzes dazu gezwungen werdet. Im Kreuz wird Gott durch jeden Menschen verherrlicht. — Danke, daß ihr meinem Ruf gefolgt seid!" (29. 11. 1984)

2. Viele Menschen fragen sich: Warum gibt es überhaupt Erscheinungen? Warum gibt es sie ausgerechnet in Medjugorje, und warum gibt es sie täglich?" Diese Fragen haben sicher ihre Berechtigung und sind auch der Grund dafür, daß so viele Menschen die Erscheinungen in Zweifel ziehen. Man kann aber niemandem eine Antwort aufzwingen, und daher kann man nur empfehlen: Stellt die Fragen voll Liebe und sucht voll Liebe nach einer Antwort!

Eine liebende Mutter hat einzig und allein das Glück ihrer Kinder im Sinn. Weder wir Menschen sollen einander zu etwas zwingen, noch will die Mutter von uns etwas erzwingen, denn Liebe und Zwang können nicht nebeneinander bestehen. Sie widersprechen einander wie Licht und Finsternis, wie Wahrheit und Lüge. Der Zwang versperrt der Liebe den Zugang, er verschließt die Lippen, die Ohren, das Herz und das Wesen des Menschen. Die Liebe dagegen spricht, hört zu, gibt Antwort, bietet sich aus freien Stücken an und wartet auf eine freie Antwort. Wer sich von den inneren und äußeren Zwängen befreit, wird frei und fähig, zu lieben. Es ist sicher schwer, die inneren Zwänge abzubauen, die sich aus der Abhängigkeit von Besitztümern, aus falscher Selbsteinschätzung, aus der Fehleinschätzung der anderen und dem Machtstreben entwickeln. Wenn jedoch der Mensch frei von inneren Zwängen und somit wirklich frei wird, können die äußeren Zwänge nur dazu dienen, daß sich die innere Freiheit äußern und die persönliche Entscheidung durchsetzen kann.

3. Die Welt ist voll von Abhängigen, von versklavten Seelen und geknechteten Herzen. Die einen werden vom Egoismus, der Eitelkeit, den körperlichen Gelüsten und der Geldgier versklavt, die anderen vom Alkohol, dem ausschweifenden Leben oder dem amoralischen Verhalten sich selbst und anderen gegenüber. Viele unterliegen auch der direkten Einwirkung des Satans, die sich in ihrem Tun als Sünde auswirkt. Die Angst vor dem Leiden unterjocht uns aber in besonderer Weise.

Einmal fragte ich die Seherin Jelena Vasilj, wie sie die Stimme der Gottesmutter von der Stimme des Satans unterscheiden könne. Jelena meinte:

„Wenn die Gottesmutter spricht, habe ich genügend Zeit, ihr zu antworten. Ich fühle mich frei, meine Seele ist weit geöffnet und ich kann mich frei entscheiden ... " Wenn der Satan spricht, ist der Mensch in seiner Entscheidung eingeengt, es bleibt ihm keine Zeit zum Antworten und zum Nachdenken. Der Satan will dem Menschen in den Rücken fallen und ihn überlisten. Der Mensch fühlt sich total in die Ecke gedrängt ...

4. „Ihr seid zur Freiheit berufen, Brüder. Nur nehmt die Freiheit nicht zum Vorwand für das Fleisch, sondern dient einander in Liebe! Denn das ganze Gesetz ist in dem einen Wort zusammengefaßt: „Du sollst deinen Nächsten lieben wie dich selbst!" Wenn ihr einander beißt und verschlingt, dann gebt acht, daß ihr euch nicht gegenseitig umbringt." (Gal 5, 13—15)

Liebe und Freude

1. „Liebe Kinder! Ihr wißt, daß sich der Tag der Freude nähert, aber ohne Liebe werdet ihr nichts erreichen. Deswegen fangt zunächst an, eure eigene Familie zu lieben, alle in der Pfarre, und dann werdet ihr alle jene annehmen und lieben können, die hierher kommen. Diese Woche soll eine Woche sein, in der ihr lernen sollt, zu lieben. — Danke, daß ihr meinem Ruf gefolgt seid!" (13. 12. 1984)

2. Diese Botschaft wurde in der Vorweihnachtszeit überbracht. Weihnachten ist das Fest der Freude, und die Freude ist die Frucht der Liebe. Jedes Menschenherz sehnt sich nach Freude. Trauer, Enttäuschung, Mißerfolg und innere Leere sind Phänomene, die das Herz verabscheut und möglichst rasch zu überwinden versucht. Der Mensch läuft oft Gefahr, Freude erleben zu wollen, ohne die Liebe als Pfand einzusetzen und vernichtet damit sich selbst und auch die anderen. Wer sich für die Liebe entscheidet, entscheidet sich für die Freude. Die Freude wächst und lebt im menschlichen Herzen, wenn sich das Herz für den anderen öffnet und auf die empfangene Liebe mit Gegenliebe antwortet. Die Liebe dankt es mit Treue. Die Treue verursacht Leid, aber sie läßt auch Raum für die Freude. Untreue dagegen zieht immer Trauer und Unsicherheit nach sich, denn sie dringt in das Herz des Geliebten und beraubt ihn seiner Lebensgrundlage.

Die Liebe garantiert uns, dank ihrer Kraft alles erreichen zu können. Die Basis der Liebe ist die Liebe selbst. Gott hat sie in unser Herz gepflanzt und dem reinen Herzen ist das auch wohlbewußt. Wer sein Leben nach dem Prinzip der Liebe ausrichtet und es treu befolgt, wird von Freude erfüllt sein. Handelt er jedoch gegen die inneren Gesetze, werden Trauer und Mühsal seine Wegbegleiter sein.

3. Die Liebe ist eine Gnade, die dem Menschen geschenkt wurde. Er mußte die Liebe nicht erst erfinden, denn er trug sie schon in sich, als er geboren wurde. Die Liebe ist aber auch die Frucht des Zusammenspiels von Gnade und dem Bestreben des Menschen, den inneren Gesetzen des Wachsens und der Entfaltung der Liebe aus freien Stücken gerecht zu werden. Für die Liebe müssen wir uns jetzt und heute entscheiden und sie täglich, Woche für Woche und Jahr für Jahr walten lassen. Erst dann werden wir fähig sein, Weihnachten richtig zu erleben und zu erkennen, daß jeder Tag ein gnadenreicher Tag ist, daß jeder Tag ein Geschenk ist, gleichzeitig aber auch ein Auftrag, in der Liebe zu wachsen. Ohne Liebe bleiben unsere Tage sinnlos und leer, denn erst die Liebe verleiht unserem Leben einen Sinn. Darum müssen wir täglich bereit sein, unseren Feinden zu vergeben, ihnen die Hand zur Versöhnung zu reichen und Toleranz zu üben. Wir müssen eine offene Hand für andere haben, uns über die Geschenke der anderen freuen können, gegen negative Gefühle ankämpfen und ein offenes Auge und ein offenes Ohr für unseren Nächsten haben. Auf diese Weise bereiten wir uns ständig auf Weihnachten vor, und jeder Tag wird für uns Weihnachten sein, bis wir schließlich eines Tages das ewige Weihnachten, die glückselige Ewigkeit erleben, in der nur Liebe herrscht und durch die Liebe auch die ewige Freude.

4. „Wenn ich in den Sprachen der Menschen und Engel redete, hätte aber die Liebe nicht, wäre ich ein dröhnendes Erz oder eine lärmende Pauke. Wenn ich prophetisch reden könnte und alle Geheimnisse wüßte und alle Erkenntnisse hätte; wenn ich alle Glaubenskraft besäße . . . hätte aber die Liebe nicht, nützte es mir nichts." (1 Kor 13, 1. 2. 3)

Die Liebe sieht und spricht

1. „Liebe Kinder! Heute möchte ich euch danken für alle Opfer. Besonders danke ich jenen, die meinem Herzen in Liebe zugeneigt sind und die gerne hierher kommen. Es gibt genug Pfarrangehörige, die auf die Botschaft nicht hören. Ich gebe aber die Botschaft an die Pfarre wegen jener, die meinem Herzen auf besondere Weise nahe sind. Ich werde euch weiterhin Botschaften geben, weil ich euch liebe und weil ich wünsche, daß ihr die Botschaften mit dem Herzen verbreitet. — Danke, daß ihr meinem Ruf gefolgt seid!" (10. 1. 1985)

2. Die Liebe ist dankbar. Sie vergißt ein dargebrachtes Opfer nicht, und sie verschließt auch ihre Augen vor jenen, die sich opfern, nicht. Das Opfer und die Opferbereitschaft erfüllen die Herzen derer, für die sich ein anderer geopfert hat, mit Freude und Liebe, mit Sicherheit und Frieden. Die

Dankbarkeit und Freude verleihen wiederum dem, der sich opfert, Kraft, sein Opfer unermüdlich darzubringen. Blindheit gegenüber dem Opfer, das einem aus Liebe dargebracht wird einerseits und Liebe andererseits sind Gegensätze, die nicht zu vereinbaren sind und das ist auch der Grund dafür, daß so viel Leid heraufbeschworen wird. Wenn Kinder das Opfer ihrer Eltern nicht würdigen, es vergessen oder gar ignorieren, so werden sie ihren Eltern dadurch noch größere Opfer abverlangen und somit großes Leid über die Eltern und sich selbst bringen. Undank und Ignoranz sind für die Liebe, die in der Liebe Gottes wurzelt, nur ein weiterer Beweggrund, sich neu zu beweisen, zu reifen und vor schier unlösbaren Aufgaben nicht zu kapitulieren. So beweist die Liebe ihre Grenzenlosigkeit und ihren Erfindungsreichtum. Trifft sie auf taube Ohren und Augen, die sich vor ihr verschließen, so hört sie dennoch nicht auf zu walten und zu wirken.

3. Die Liebe der Gottesmutter zu ihrer Gemeinde, die ihr Wort befolgt und aus Liebe zum Opfer bereit ist, erweist sich als dankbare Liebe. Auch wenn ihr Wort bei einigen auf taube Ohren stößt, spricht die Gottesmutter dennoch weiter, denn sie sieht auch jene, die ihr Wort befolgen. Das liebevolle Wort wirkt im Herzen wie ein Impuls, der die Beziehung zwischen der Gottesmutter und ihrem Zuhörer neu belebt. Der Zuhörer wird zum

Zeugen der Liebe. Wer die Liebe Gottes und die Liebe Mariens erfahren hat, wird in seinem Herzen neue Worte der Liebe finden. Das vernommene Wort wird sein geistiges Wachstum begleiten und er wird es zu jeder Zeit mit Liebe verbreiten können und danach leben. Die Liebe erschafft das Wort im Herzen und öffnet die Augen, so wie der Haß das Wort vernichtet, die Augen verschließt und den Menschen blind macht, so daß dieser in seiner Blindheit nur noch zerstören und anderen Böses zufügen kann.

Maria spricht als Mutter zu uns. Sie will in den Herzen ihrer Kinder jene Liebe wecken, die das Opfer nicht fürchtet, denn erst das Opfer beweist die Liebe. Das ist die Grundbedingung für ein neues Leben.

Wenn man bedenkt, daß diese Botschaft am Beginn eines neuen Zeitabschnittes, d. h. im Jänner, übermittelt wurde, wird das Ziel, das Maria verfolgt und zu dem sie uns führen will, noch besser verständlich.

4. „Die Liebe ist langmütig, die Liebe ist gütig. Sie ereifert sich nicht, sie prahlt nicht, sie bläht sich nicht auf. Sie handelt nicht ungehörig, sucht nicht ihren Vorteil, läßt sich nicht zum Zorn reizen, trägt das Böse nicht nach. Sie freut sich nicht über das Unrecht, sondern freut sich über die Wahrheit. Sie erträgt alles, glaubt alles, hofft alles, hält allem stand." (1. Kor 13, 4—7)

Die treibende Kraft der Liebe

1. „Liebe Kinder! Tag für Tag habe ich euch zur Erneuerung und zum Gebet in der Pfarre aufgefordert, aber ihr begreift es nicht. Heute fordere ich euch zum letztenmal auf. Jetzt ist die Fastenzeit, und ihr könnt als Pfarre in der Fastenzeit meiner Einladung aus Liebe nachgehen. Wenn ihr das nicht tut, werde ich euch keine Botschaften mehr geben. Gott erlaubt mir das. — Danke, daß ihr meinem Ruf gefolgt seid!“ (21. 2. 1985)

2. Wer liebt, ist voll Elan, aktiv, inspiriert und energiegeladen. Die Liebe drängt den Liebenden mit treibender Kraft zum Geliebten. Durch die Kraft der Liebe teilt sich der Liebende dem Geliebten mit. Die Liebe ist heiter und mutig. Sie paßt sich der gegebenen Situation an, um den Geliebten zum Wachsen und Besserwerden anzuregen und ihn aus seiner Lethargie zu reißen, mit der er sich im Grunde nur wappnet, um Liebe nicht erwidern zu müssen. Der Liebende wird oft auch Leid und Trauer erfahren, wenn er auf Ablehnung stößt und seine Liebe nicht erwidert wird. Dann aber beweist Liebe ihren Mut. Sie zieht sich zurück und bricht den Kontakt ab, nicht jedoch, um zu bestrafen, sondern um nur noch einmal zu versuchen, die Augen und das Herz des Geliebten zu öffnen. Die Liebe ist erfinderisch. Sie weiß geschickt Zeit und Raum zu nutzen, sie bedient sich

des Brauchtums und der äußeren Umstände, um die geliebte Person umzustimmen.

3. Die Fastenzeit ist die Zeit der Erneuerung, die Zeit der Umkehr und Bekehrung und die Zeit der Erweckung aus dem tödlichen Schlaf zu neuem Leben — einem Leben in Liebe. Die Fastenzeit beginnt im Winter und endet im Frühling. Sie beginnt mit dem Leiden und endet mit der Auferstehung. Wenn der Geliebte selbst dann noch nicht aufgerüttelt ist, kann die Liebe verstummen, um neue Bedingungen für die Kommunikation zu schaffen. Die Liebe ist unermüdlich, und insbesondere die Mutterliebe. Oft droht eine Mutter ihrem Kind, und doch wieder nur, um ihm ihre Liebe begreiflich zu machen. Die Gottesmutter liebt, und darum ist sie in ihrer Liebe aktiv, unermüdlich, kühn und einfallsreich. Sie hat durch ihr Erscheinen in Medjugorje viele Menschen zur Umkehr bewogen, und diese Menschen folgen nun dem Weg, den ihnen die Liebe der Gottesmutter vorgezeichnet hat. Die Gottesmutter freut sich darüber und wartet geduldig auch auf jene, die ihrem Wort noch kein Gehör geschenkt haben. Jene aber, die auf ihr Wort hören, ruft sie auf zu beten und Zeugen zu werden, damit sich alle im väterlichen Haus, im Haus des Lebens und des Friedens, versammeln.

4. „Ich werfe dir aber vor, daß du deine erste Liebe verlassen hast. Bedenke, aus welcher Höhe du ge-

fallen bist. Kehr zurück zu deinen ersten Werke! Wenn du nicht umkehrst, werde ich kommen und deinen Leuchter von der Stelle wegrücken." (Offb 2, 4—6)

Möglich und unmöglich

1. „Liebe Kinder! heute lade ich euch ein, lebt in dieser Woche die Worte: ‚Ich liebe Gott'. Liebe Kinder, mit Liebe werdet ihr alles erreichen, auch das, was ihr für unmöglich haltet. Gott wünscht von dieser Pfarre, daß ihr vollkommen Ihm gehört, und das wünsche ich auch. — Danke, daß ihr meinem Ruf gefolgt seid!" (28. 2. 1985)

2. Die Liebe ist eine Gnade und ein Geschenk Gottes. Sie kann sich indes nur entfalten, wenn der einzelne bereit ist, diese Gnade anzunehmen. Die Liebe ist ein Saatkorn, das dem Menschen ins Herz gepflanzt und somit anvertraut wurde. Es wird wachsen, wenn Gott und Mensch zusammenwirken. Dieses Zusammenwirken könnte auch als Übung angesehen werden, als tägliche, konkrete Übung, die unter allen Umständen zu absolvieren ist. Wer ein gutes Übungsprogramm gefunden hat und es richtig durchzieht, wird wachsen, reifen und stark werden. Das Ziel ist fraglos die Liebe zu Gott, und der Weg, der dorthin führt, ist einfach und konkret definiert: Man lebe eine Woche

nach dem Motto: „Ich liebe Gott". Über diese Übung brauchen nicht viele Worte verschwendet zu werden, denn eine Übung, die langatmig beschrieben, aber nicht durchgeführt wird, erbringt nicht den erwünschten Erfolg. Wir reden so viel über die göttliche Liebe und sorgen doch nicht dafür, daß das uns anvertraute Saatkorn wachsen und reifen kann. Wir sprechen von der Liebe und sind nicht bereit, Liebe walten zu lassen. Die Regeln wären uns bekannt, aber wir verfahren nicht danach! Der Zeitpunkt ist gekommen, um mit dem Üben anzufangen.

Die erste Übung ist das Gebet.

3. — Gott, ich danke Dir für die Liebe, die Du mir schenkst! . . . (Nach jedem Satz verharren wir eine Zeitlang in Stille und lassen die Worte im Herzen widerhallen. Das wiederholen wir jeden Tag, bis das Herz „von selbst" zu beten anfängt. Von selbst heißt, daß das Herz mit dem Beten beginnen wird, selbst wenn unser Verstand schweigt und wir den Vorsatz, beten zu wollen, vergessen haben. Diese Gebetsübung muß ein wichtiger Bestandteil unseres Lebens werden und ein echtes Herzensbedürfnis. Würden wir nicht atmen, drohten wir zu ersticken und genauso sollte es uns auch ergehen, wenn wir vergäßen zu beten).

— Gott, mein Leben soll heute mit Liebe zu Dir erfüllt sein. Ich will Dich lieben in meinen Erfolgen und Mißerfolgen, in der Begegnung mit den Menschen und der Natur! ...

— Gott, ich liebe Dich in den Mitgliedern meiner Familie /Gemeinde ... (ich nenne ihre Namen) ...

— Gott, ich will Dich ohne Unterlaß lieben. Stärke meine Liebe! ...

— Gott, wenn ich Dich vergesse, so erwecke Du in mir den heißen Wunsch, Dich zu lieben! ...

— Gott, wenn meine Kräfte schwinden, so laß mein Herz sprechen und ihm auf Deine Liebe antworten! ...

— Gott, wenn meine Liebe versiegt, so will ich Dich durch die Liebe Mariens, Deiner demütigen Magd, lieben! ...

— Maria, Mutter der Liebe, bitte für mich! Jeden Tag, jede Woche, mein ganzes Leben lang! ...

4. „Dann wird der König denen auf der rechten Seite sagen: kommt her, die ihr von meinem Vater gesegnet seid, nehmt das Reich in Besitz, das seit der Erschaffung der Welt für euch bestimmt ist. Denn ich war hungrig, und ihr habt mir zu essen gegeben; ich war durstig, und ihr habt mir zu trinken gegeben; ich war fremd und obdachlos, und ihr habt mich aufgenommen; ich war nackt, und ihr habt mir Kleidung gegeben; ich war krank, und ihr habt mich besucht; ich war im Gefängnis, und ihr seid zu mir gekommen ... Amen, ich sage euch: Was ihr für einen meiner geringsten Brüder getan habt, das habt ihr mir getan." (Mt 25, 34—36 und 40b)

Damit es zu Eurem Wohl gereiche

1. „Liebe Kinder! Ich möchte euch Botschaften geben, und deshalb fordere ich euch heute auf, meine Botschaften anzunehmen und zu leben! Liebe Kinder. Ich liebe euch, und ich habe diese Pfarre auf eine besondere Weise auserwählt. Diese Pfarre ist mir lieber als die anderen, wo ich auch gerne weilte, als mich der Allmächtige schickte. Deshalb bitte ich euch: Nehmt mich auf, liebe Kinder, damit es auch zu eurem Wohl gereiche. Hört auf meine Botschaften! — Danke, daß ihr meinem Ruf gefolgt seid!" (21. 3. 1985)

2. Maria spricht, und sie spricht, weil sie liebt. Als Mutter liebt sie ihre Kinder, und wir alle sind ihre Kinder. Sie sendet uns Botschaften, die der Tiefe ihres Herzens entspringen und von der Liebe inspiriert sind. Durch ihr Sprechen will sie uns zu einer Antwort bewegen. Auch wenn wir anfangs noch zögern, so werden wir nicht umhin können, auf ihr liebevolles Wort zu antworten. Maria gebiert auf geistigem Weg ihre Kinder. Sie setzt ihr Reden, ihr Wort und ihre Liebe ein, um in den Herzen ihrer Kinder eine Antwort reifen zu lassen. Wenn der Mensch spricht, so erwartet er auch eine Antwort. Er wird verstummen, wenn die Antwort nicht erfolgt. Gott aber spricht, und indem Er spricht, erschafft Er uns neu. Das gilt auch für die Worte Mariens, denn Gott selbst hat sie beauf-

tragt, zu ihren Kindern zu sprechen. Maria bewegt uns mit ihrem Wort und sie wartet geduldig, bis unser Herz eine Antwort findet. Das göttliche, auf die Erde herabgesandte Wort verstummt nicht eher, als es Früchte getragen hat. Gottes Wort hat seine eigenen Gesetze und es zielt darauf hin, im Menschen Gestalt anzunehmen und ihn zum Verkünder des neuen Wortes werden zu lassen. Jeder Mensch, der sich Seinem Wort geöffnet hat, damit es Gestalt annehmen kann, wird somit zum Verkünder Seines Wortes. Maria hat sich auf besondere Weise Seinem Wort geöffnet und darum vermag sie auch zu uns zu sprechen. Alle, die vom Wort durchdrungen sind, beginnen nach dem Wort zu leben. Sie werden dem ähnlich, der das Wort an sie gerichtet hat, denn sie werden zu Seinem Abbild. Das Wort hören, es annehmen, darauf antworten und selbst zum Wort werden, das ist der Weg zu unserem Heil. Heute sind viele für das Wort taub, und weil sie es nicht weiterverbreiten, auch stumm. Daher kann es zu so vielen Diskrepanzen kommen, und das ist auch der Grund dafür, daß sich so viele unverstanden und abgelehnt fühlen.

3. Gott spricht zu uns durch Maria. Durch sie hat Sein Wort Gestalt angenommen und ist Fleisch geworden. Maria verkörpert das schönste Wort, das Gott an die Welt gerichtet hat. Es ist das mütterliche Wort, das schon so viele zur Umkehr bewogen

hat. Durch Maria teilt sich Gott der Welt mit, und darum ist sie auch unsere Lehrerin, das neue Geschöpf und der neue Stern, der von den Plänen Gottes kündet. Maria ruft, um uns in eine neue Ära zu geleiten. Es wird ein gutes Zeitalter, wenn auch wir mit der Auserwählten die Wahl annehmen, mit der Jungfrau die Gestaltwerdung, mit der Glaubenden den Glauben und mit der Mutter aller Lebenden und des Lebens unser eigenes Leben und das Leben der Mitmenschen. Genau wie Maria, müssen auch wir das eine Ziel vor Augen haben: Das Wort Gottes an andere weiterverkünden. Das Wort wird einen neuen Himmel und eine neue Erde schaffen.

4. „Wenn jemand mich liebt, wird er an meinem Wort festhalten; mein Vater wird ihn lieben, und wir werden zu ihm kommen und bei ihm wohnen. Wer mich nicht liebt, hält an meinen Worten nicht fest. Und das Wort, das ihr hört, stammt nicht von mir, sondern vom Vater, der mich gesandt hat. Das habe ich euch gesagt, während ich noch bei euch bin. Der Beistand aber, der Heilige Geist, den der Vater in meinem Namen senden wird, der wird euch alles lehren und euch an alles erinnern, was ich euch gesagt habe." (Joh 14, 23—26)

Nehmt an und liebt!

1. „Liebe Kinder! In diesen und den folgenden Tagen werden Menschen aus allen Nationen in diese Pfarre kommen. Deshalb rufe ich euch zur Liebe auf! Liebt zuallererst eure Familienangehörigen! Dann werdet ihr imstande sein, alle anzunehmen und zu lieben, die hierher kommen. — Danke, daß ihr meinem Ruf gefolgt seid!“ (6. 6. 1985)

2. Die Pfarre ist auserwählt, die Seher sind auserwählt, und das Volk ist auserwählt. Diese Auswahl ist der Beweis der Liebe, und diese Liebe wartet auf eine Antwort. Liebe ist das schönste Wort Gottes, ist Gott selbst. Wenn Seine Liebe als Sein Wort im Menschen das neue Wort erschaffen hat, so wird der Mensch sich selbst, seine Angehörigen und alle Menschen und Geschöpfe lieben. Das neue Wort, das sich in Worten, Taten und in unserem ganzen Verhalten äußern wird, wird Zeugnis ablegen. Viele werden in die Pfarre kommen, und jeder davon ist aufgerufen und auserwählt. Sie kommen zur Mutter, die spricht und Zeugnis ablegt durch jene, die als erste gefühlt haben, daß sie auserwählt sind, die das Wort vernommen haben und zum neuen Wort für die Auserwählten geworden sind. Die, die noch kommen werden, haben das Wort bereits vernommen, sie wollen ihm folgen, es annehmen und darauf antworten.

Die Mitglieder der Pfarrgemeinde sind daher verpflichtet, Zeugen der Liebe zu sein. Sie müssen damit im engsten Familienkreis, bei den Angehörigen und Verwandten beginnen, denn oft findet man gerade für diese Menschen nicht genug Worte der Liebe. Eben aus dieser Zelle müßte aber die Kraft der Liebe ausstrahlen und alle Auserwählten erfassen, damit sie wie eine brennende Fackel allen voranleuchten und das neue Wort Gottes in die Welt verbreiten können. Es hängt somit von der Pfarrgemeinde ab, ob das Wort Gottes und das Wort Mariens auf fruchtbaren Boden fallen werden. Groß ist unsere Freude, weil Gott durch Maria zu uns spricht. Groß ist aber auch unsere Verantwortung für andere, die wir Gott und Maria gegenüber tragen!

3. Die Botschaft anzunehmen, den Mitmenschen anzunehmen und ihn zu lieben, wie auch Maria annimmt und liebt, heißt, mit der Mutter an der Schaffung einer neuen Welt mitzuwirken. Ein anderes Ziel kann und darf es für uns nicht geben. In Medjugorje verschmelzen die Pilger mit den Pfarrmitgliedern zu einer echten Gemeinschaft und machen dadurch eine neue Erfahrung. Alle Pilger haben schon bald den Eindruck, es wäre ihre eigene Pfarrgemeinde. Sie fühlen sich als Mitglieder einer großen Gemeinschaft, der Kirche, dessen Mutter Maria ist, die alle Menschen als ihre Kinder liebt. Dennoch besteht die Gefahr, daß

die Tragweite der Worte Mariens nicht erkannt wird und das Wort dadurch nichts verändern und keine Zeugen hervorzubringen vermag. Eine weitere Gefahr ist die Abstumpfung. An das menschliche Ohr dringen von allen Seiten so viele Worte, so viele verlockende Melodien, daß es für das Wort Gottes taub wird. Durch Beten und Fasten, die ständige Art der Läuterung, kann diese Gefahr überwunden werden. Wer seine Angehörigen als geliebte Kinder der einen, einzigen Mutter betrachtet, als Brüder und Schwestern, die er liebt und annimmt, legt auf freudige Art Zeugenschaft vom Wort Gottes ab. Auf diese Weise tragen wir für die Liebe Gottes und das Wachsen der Liebe in dieser Welt voll Freude die Verantwortung.

4. „Ihr seid von Gott geliebt, seid seine auserwählten Heiligen. Darum bekleidet euch mit aufrichtigem Erbarmen, mit Güte, Demut, Milde, Geduld! ... Vor allem aber liebt einander, denn die Liebe ist das Band, das alles zusammenhält und vollkommen macht." (Kol 3, 12 u. 14)

Mit Frieden, Freude und Liebe

1. „Liebe Kinder! Zu diesem Festtag möchte ich euch sagen: Öffnet eure Herzen dem Herrn aller Herzen! Gebt mir alle eure Gefühle und Probleme! Ich möchte euch trösten in euren Versuchungen,

möchte euch mit Frieden, Freude und der Liebe Gottes erfüllen. — Danke, daß ihr meinem Ruf gefolgt seid!" (20. 6. 1985)

2. Das Glück des Menschen ist ohne Frieden im Herzen nicht denkbar. Der Friede vermittelt ein Gefühl großer Sicherheit und erfüllt das Herz mit Freude. Ein freudiges Herz ist offen für die Liebe und die Liebe verstärkt die Freude und festigt den Frieden. Jedes Menschenherz sehnt sich nach Frieden, Liebe und Freude und darum unternimmt der Mensch auch alles, um den FRIEDEN zu erlangen, den die Freude bewirkt und den die Liebe festigt.

3. Maria weist uns den göttlichen Weg zu diesem Frieden, dieser Freude und dieser Liebe. Die erste Bedingung dafür ist die Offenheit gegenüber Gott, denn Er ist der Quell des Friedens, der Freude und der Liebe. Er ist der Schöpfer und somit der Herr des Herzens. Sich Ihm zu öffnen heißt nichts anderes, als Seine Liebe anzunehmen und zuzulassen, daß durch Seine Liebe Frieden in unser Herz gesenkt wird, und daß durch die tägliche Begegnung mit Gott dieser Friede, diese Freude und diese Liebe wachsen können. Maria weiß, daß uns unsere Gefühle und Probleme, Erfolge und Mißerfolge, Gesundheit und Krankheit, Reichtum und Armut daran hindern können, uns Gott zu öffnen. Sie ruft uns daher auf, unsere Gefühle, alles, was uns quält, aber auch unsere Freude in ihre Hände zu

legen. Maria will uns als Mutter nicht nur Leben geben, sondern uns auch lehren, wie wir das Leben leben sollen. Daher fordert sie uns auf, ihr, der Mutter, Vertrauen zu schenken. Wer anderen seine Gefühle und Probleme anvertraut, verfährt weise, denn wer sich Gott und den Menschen nicht öffnet, verfällt in Einsamkeit. Er bleibt von den anderen isoliert, wird Gefangener eines Kerkers, in den er sich selbst gesperrt hat und bestraft sich damit selbst. Der Mensch geht verloren, so wie auch ein Saatkorn verlorengeht, das sich nicht öffnet. Jeder von uns bedarf des Trostes — des menschlichen und des göttlichen. Wer sich Frieden, Freude und Liebe nur von Menschen erhofft und nur auf menschliche Mittel baut, geht den Weg der Täuschung und Enttäuschung. Wer sich vom weltlichen Schein blenden läßt, ist blind für das Göttliche, das in ihm wohnt und er wird nur allzu leicht von der Welt enttäuscht werden können. Wenn das eintritt, sollte der göttliche Trost, der göttliche Friede und die göttliche Liebe gesucht werden. Glücklich sind jene, die das Angebot Gottes, dem Menschen durch Maria Frieden, Freude und Liebe ins Herz zu senken, vernehmen, es annehmen und die Bedingungen dafür erfüllen.

4. „Die Frucht des Geistes aber ist Liebe, Freude, Friede, Langmut, Freundlichkeit, Güte, Treue, Sanftmut und Selbstbeherrschung; dem allem widerspricht das Gesetz nicht. Alle, die zu Christus

Jesus gehören, haben das Fleisch und damit ihre Leidenschaften und Begierden gekreuzigt. Wenn wir aus dem Geist leben, dann wollen wir dem Geist auch folgen." (Gal 5, 22—25)

In Demut und Liebe

1. „Liebe Kinder! Heute gebe ich euch eine Botschaft, in der ich euch zur Liebe einlade. In diesen Tagen habt ihr wegen der vielen Leute, die gekommen sind, große Freude verspürt. Ihr habt zu ihnen mit Liebe von euren Erfahrungen gesprochen. Jetzt bitte ich euch, bleibt in der Demut und sprecht mit offenem Herzen zu allen, die kommen. — Danke, daß ihr meinem Ruf gefolgt seid!" (28. 6. 1985)

2. Diese Botschaft wurde nach der feierlichen Messe anläßlich des 4. Jahrestages der Erscheinung übermittelt. Zu diesem Zeitpunkt begann der eigentliche große Durchbruch der Botschaft des Friedens in der Welt, und die Menschen antworten seither darauf mit ihren Herzen. Für die Pfarrgemeinde war es ein freudiges Ereignis, denn die Mitglieder durften erfahren, daß sie nicht allein sind. Sie hatten einen Sieg davongetragen, und das wurde gefeiert. Die damaligen kommunistischen Machthaber änderten ihre abweisende Haltung und begannen nach dem „fetten Kuchen der Gottesmutter" zu spähen, der ja Kapital einbringen würde. Das führte dazu, daß die Pfarrgemeinde

nun freier atmen konnte. Auch im Kreise der Kleriker verzeichnete man eine positive Wende. Viele bezeugten offen ihr Interesse für das Geschehen in Medjugorje. Die Freude der Pfarrgemeindemitglieder wuchs, waren sie doch Zeugen dessen geworden, daß das Werk Gottes durch Maria Früchte getragen hat. Der Erfolg machte sie stark und sie erzählten allen voll Freude davon, was sich in den abgelaufenen vier Jahren hier ereignet hatte.

3. Maria weiß als Lehrerin und Mutter, daß Erfolg auch blind machen kann. Der mit Blindheit geschlagene Mensch wird hochmütig und vergißt nur allzu leicht, daß er doch nur ein Werkzeug in der Hand Gottes ist, und daß alle seine Errungenschaften nur darauf beruhen, daß Gott in ihn Vertrauen gesetzt hat. Wer das vergißt, konzentriert seine Aufmerksamkeit nur mehr auf sich selbst und negiert damit Gott. Der Hochmut verhindert, daß Gott unsere Gedanken, Worte und Werke leiten kann. Wird aber der göttliche Wirkungskreis eingeengt, ist auch der menschliche Wirkungsbereich begrenzt und der Lebensraum schrumpft. Maria ist die demütige Magd des Herrn. Sie kennt die Gefahren des Hochmuts und ruft uns daher zur Demut auf. Der demütige Mensch weiß sein Leben und seine Mitmenschen als Geschenk zu schätzen und er weiß auch, daß dieses Geschenk von Gott kommt. Demut ist das freudige Zusammenwirken mit Gott und die bewußte Entschei-

dung, Werkzeug in Seinen Händen sein zu wollen. Das bedeutet nicht, die Verdienste des einzelnen schmälern zu wollen, es bedeutet vielmehr, den Dingen einen neuen Stellenwert beizumessen. Daher sind auch die Seher, das Pfarrpersonal, die Pfarrgemeinde und die in alle Welt verstreuten Zeugen aufgerufen, sich selbst und die eigenen Verdienste objektiv zu sehen und in der Demut zu bleiben, denn alles Gute kommt von Gott. Das ist der Weg der Freude und des Friedens!

4. „Aufgrund der Gnade, die mir gegeben ist, sage ich einem jeden von euch: Strebt nicht über das hinaus, was euch zukommt, sondern strebt danach, besonnen zu sein, jeder nach dem Maß des Glaubens, das Gott ihm zugeteilt hat ... Eure Liebe sei ohne Heuchelei. Verabscheut das Böse, haltet fest am Guten! Seid einander in brüderlicher Liebe zugetan, übertrefft euch in gegenseitiger Achtung! Laßt nicht nach in eurem Eifer, laßt euch vom Geist entflammen und dient dem Herrn!" (Röm 12, 3 u. 9—11)

Das mit Liebe dargebrachte Opfer

1. „Liebe Kinder! Ich danke euch für jedes dargebrachte Opfer, das ihr auf euch genommen habt. Und jetzt bitte ich euch: Bringt jedes Opfer mit Liebe dar. Und ihr, die ihr der Hilfe bedürft, be-

ginnt in Vertrauen zu helfen, und der Herr wird euch immer mehr Vertrauen geben. — Danke, daß ihr meinem Ruf gefolgt seid!" (4. 7. 1985)

2. Schon von jeher hat die Gottesmutter in ihren Botschaften von uns etwas gefordert, was wir als „Opfer" bezeichnen. Das Wort „Opfer" ist nicht leicht zu definieren und ein Opfer kann auch nicht mit gängigen Maßstäben bemessen werden. Sein Maßstab ist die Liebe. Je größer die Liebe ist, desto weniger wird man von einem Opfer sprechen. Was nicht aus Liebe geschieht, wird schwerfallen und wird als Opfer empfunden werden. Wenn sich ein Mensch für den anderen einsetzt, ihm seine Zeit schenkt oder sein Leben für ihn hingibt, so hat er ein Opfer dargebracht. Je selbstloser ein Mensch ist, desto eher wird er bereit sein, für andere ein Opfer zu bringen. Wir opfern uns in erster Linie für einen Menschen auf, den wir lieben. Ohne Liebe wäre ein Opfer unmöglich und undenkbar. Die Liebe läßt uns das Opfer süß erscheinen.

3. Christus hat sich von Anfang an für uns geopfert. Er opferte dem Vater Sein Leben und starb den Kreuzestod. Er tat es für uns, um uns zu erlösen. Er tat es ohne Zwang, nur aus Liebe und aus freiem Willen. Maria fordert in ihrer Schule von uns, daß wir beten, fasten, zur Beichte gehen, die Messe feiern und im Sinne der Heiligen Schrift leben. Sie fordert, daß wir den Mitmenschen helfen und unser eigenes Leben für sie hingeben.

Unser Opfer soll aber mit Liebe dargebracht werden, und sie dankt uns auch für alle diese Opfer. Die Liebe verleiht auch dem geringsten Opfer allerhöchsten Wert. Nur das aus Liebe dargebrachte Opfer kann vor dem Angesicht Gottes bestehen. Wir laufen oft Gefahr, den Wert unseres Handelns und unseres Opfers nicht zu erkennen und fühlen uns aus diesem Grunde klein und schwach. Wir wähnen uns „ohnmächtig“. Wir können aber unsere Ohnmacht durch die Liebe überwinden, denn sie verleiht unserem Opfer Größe. Wer liebt, ist nie ohnmächtig. Er ist Gott und den Mitmenschen nahe, und das stärkt das Vertrauen und die Macht.

4. „Diesen Schatz tragen wir in zerbrechlichen Gefäßen; so wird deutlich, daß das Übermaß der Kraft von Gott und nicht von uns kommt. Von allen Seiten werden wir in die Enge getrieben und finden doch noch Raum; wir wissen weder aus noch ein und verzweifeln dennoch nicht; wir werden gehetzt und sind doch nicht verlassen; wir werden niedergestreckt und doch nicht vernichtet. Wohin wir auch kommen, immer tragen wir das Todesleiden Jesu an unserem Leib, damit auch das Leben Jesu an unserem Leib sichtbar wird. Denn immer werden wir, obgleich wir leben, um Jesu willen dem Tod ausgeliefert, damit auch das Leben Jesu an unserem sterblichen Fleisch offenbar wird. So erweist an uns der Tod, an euch aber das Leben seine Macht.“ (2 Kor 4, 7—12)

Ich liebe Euch

1. „Liebe Kinder! Heute segne ich euch, und ich möchte euch sagen, daß ich euch liebe und euch ansporne, meine Botschaften zu leben. Heute segne ich euch alle mit dem feierlichen Segen, den mir der Allerhöchste gewährt. — Danke, daß ihr meinem Ruf gefolgt seid!“ (15. 8. 1985)

2. Eine Mutter ist die Erzieherin ihrer Kinder. Mit der Geburt allein ist es nicht getan. Eine Mutter ist auch verpflichtet, den geistigen und seelischen Werdegang ihres Kindes zu verfolgen. In den Worten der Mutter müssen sich ihre Gedanken widerspiegeln. Darum wird sie ihre Worte oft wiederholen, um ihnen Nachdruck zu verleihen. Wer liebt, wird stets bestrebt sein, der geliebten Person seine Liebe und Zuneigung auch verbal zu bezeugen und wird die Worte immerzu wiederholen. Noch nie hat sich jemand gegen Liebesbeteuerungen aufgelehnt, indem er gesagt hätte: „Das habe ich bereits gehört“. Der umgekehrte Fall tritt schon eher ein. Wir beschweren uns, wenn diese Liebesbeteuerungen ausbleiben.

3. Maria als Mutter weiß um die Bedürfnisse ihrer Kinder. Sie lebt durch die Liebe und sie erzieht, indem sie ihre Worte ständig wiederholt. Diese Botschaft gab sie uns am Mariä Himmelfahrtstag, dem Tag, den alle ihre Kinder feierlich begehen. Dieser Feiertag ist aber auch ein großer Tag für

Maria selbst. Die Seher berichten, daß sie an ihren Festtagen besonders festlich gekleidet und besonders froh gestimmt erscheint. Sie vergißt aber auch die Geburtstage der Seher nicht. An diesem Feiertag haben sich viele Pilger aus der ganzen Welt in Medjugorje versammelt. Maria freut sich, sie segnet ihre Kinder und beweist dadurch zum erneuten Male ihre mütterliche Liebe. Bei dieser Gelegenheit fordert sie ihre Kinder auf, ihre Botschaften zu leben.

Gott selbst ist während der Botschaft gegenwärtig, denn auch Er wird durch das Leben Mariens und durch ihre Himmelfahrt gefeiert. Er hat sie in Sonnenlicht gehüllt, hat unter ihre Füße die Mondsichel gelegt und ihr Haupt mit Sternen bekränzt. Er läßt uns an diesem Tag besonderen Segen zuteil werden. Die Freude ist offensichtlich. Die Freude ist aus der Liebe erwachsen und wird neue Liebe bewirken. Das ist der Weg des Friedens.

4. „Singet dem Herrn ein neues Lied! Sein Lob erschalle in der Gemeinde der Frommen. Israel soll sich über seinen Schöpfer freuen, die Kinder Zions über ihren König jauchzen. Seinen Namen sollen sie loben beim Reigentanz, ihm spielen auf Pauken und Harfen. Der Herr hat an seinem Volk Gefallen, die Gebeugten krönt er mit Sieg. In festlichem Glanz sollen die Frommen frohlocken, auf ihren Lagern jauchzen." (Ps 149, 1—5)

Widersteht ruhig und in Liebe den Versuchungen

1. „Liebe Kinder! Heute möchte ich euch sagen, daß euch Gott Versuchungen schicken will, die ihr durch das Gebet überwinden könnt. Gott versucht euch in der alltäglichen Arbeit. Jetzt betet, daß ihr jeder Versuchung ruhig widersteht. Überwindet alle Versuchungen, indem ihr euch Gott noch mehr öffnet und in Liebe vor Ihn hintretet! — Danke, daß ihr meinem Ruf gefolgt seid!" (22. 8. 1985)

2. „ . . . und führe uns nicht in Versuchung, sondern erlöse uns von dem Übel!" So heißt es in unserem täglichen Gebet. Es drängt sich unwillkürlich die immer gleiche Frage auf: Will uns Gott prüfen? Schickt Er Seinem Volk, schickt Er dem einzelnen darum die Versuchungen? Eine Antwort darauf wird schwer zu finden sein, und es müßte vorerst auch klar definiert werden, was der Begriff „Versuchung" eigentlich bedeutet. Eines ist unumstritten: Dieses Gebet hat uns Gott selbst gelehrt. Maria sagt in ihrer Botschaft, daß uns Gott prüfen will und uns Versuchungen schicken wird. Die Botschaft beinhaltet jedoch noch eine wichtige, wenn auch nicht gerade leicht zu erfüllende Aufforderung, nämlich der Versuchung zu widerstehen. Indem wir ihr widerstehen, beweisen wir Gott unsere Treue. Einer Versuchung kann auch durch das Gebet begegnet werden und alles kann

sich zum Guten wenden. Das ist das, was für die Gottesmutter als Mutter und Lehrerin in diesem Moment wichtig ist. Auch sie fragt nicht nach dem Warum, sondern weist uns den Weg, der uns das Heil bringen kann.

3. Gott kennt unser Schicksal. Uns kann nur nach Seinem Willen geschehen. Im Leiden fragen wir: Kann es der Wille Gottes sein, daß ich, daß meine Familie oder mein Volk so viel leiden muß? Das Leiden ist eine Schule, und Gott kann uns, gemeinsam mit Maria, durch diese Schule leiten. Jede Versuchung ist eine Aufforderung, sich Gott wieder zuzuwenden oder sich Ihm noch mehr zu öffnen. Wir dürfen uns nicht in unsere eigenen Pläne verstricken und vom Weg abkommen, der zu Gott führt. Durch die Versuchung werden wir auf den richtigen Weg geleitet. Aus diesem Grunde könnte das Wort „Versuchung" durch das Synonym „Erziehungsmittel" ersetzt werden. Der Vater appelliert an uns: „Kehre um!" Darum soll die Zeit der Versuchung RUHIG UND MIT LIEBE überbrückt werden. Gott ist mit uns, auch wenn die Versuchung als direkte Auswirkung unseres Tuns oder unserer Sünde auftritt. In dieser Situation kann sich der Mensch Gott weit öffnen, denn in der Versuchung ist der Mensch Gott besonders nahe. Diese Erfahrung fördert den FRIEDEN. Um jedoch dies zu begreifen, muß der Mensch beten und bewußt der Versuchung widerstehen.

4. „Seid voll Freude, meine Brüder, wenn ihr in mancherlei Versuchung geratet. Ihr wißt, daß die Prüfung eures Glaubens Ausdauer bewirkt. Die Ausdauer aber soll zu einem vollendeten Werk führen; denn so werdet ihr vollendet und untadelig sein, es wird euch nichts mehr fehlen." (Jak 1, 2—4)

Das Herz mit Liebe reinigen

1. „Liebe Kinder! Alles hat seine Zeit. Heute lade ich euch ein, daß ihr an euren Herzen zu arbeiten beginnt; jetzt sind alle Feldarbeiten beendet. Zur Reinigung verwahrloster Räume nehmt ihr euch Zeit, aber das Herz läßt ihr unbeachtet. Deshalb arbeitet mehr daran, mit Liebe jeden Teil eures Herzens zu reinigen. — Danke, daß ihr meinem Ruf gefolgt seid!" (17. 10. 1985)

2. Der Mensch muß wachsen, sich entfalten und reifen. Wenn sich dieser Prozeß nicht vollziehen kann, ist der Mensch tot. Dieses Gesetz gilt sowohl für die körperliche als auch für die seelische und geistige Entwicklung. Leider ist jedoch oft zu bemerken, daß die seelische und geistige Entwicklung der körperlichen Entwicklung nachhinkt. In unserer heutigen Welt mit ihren falschen Wertvorstellungen passiert es immer öfter, daß der Mensch sein Augenmerk nur auf Körper und Be-

sitztümer lenkt, der seelischen und geistigen Entfaltung jedoch keine Bedeutung beimißt. So trifft man auch immer mehr Menschen, die seelisch und geistig verkümmert, unreif, wenn nicht gar innerlich tot sind. Je mehr Besitz die Menschen angehäuft haben, desto größer ist die Gefahr, daß ihre geistige Entwicklung vernachlässigt wird. Man kann schon von einem Glücksfall sprechen, wenn Menschen ihren materiellen Reichtum nur als Basis für die geistige und seelische Weiterentwicklung ansehen. Im umgekehrten Falle treten Störungen verschiedenster Art auf. Die Menschen vermögen geistige Werte nicht mehr zu schätzen und werden inhuman.

3. Maria fordert uns als Mutter und Lehrerin auf, das notwendige Gleichgewicht nicht zu verlieren. So wie ein Feld bestellt werden muß, darf auch die Herzensbildung nicht außer acht gelassen werden. Wer Früchte ernten will, muß seinen Acker bearbeiten, sonst verrottet auch der allerbeste Samen. Mit unserem Herzen verhält es sich nicht anders. Wir müssen entschlossen gegen das Übel ankämpfen. Die Wurzeln des Egoismus, des Hochmuts, der Trägheit und anderer schlechten Gewohnheiten müssen ausgerottet werden. Insbesondere aber muß das Herz von den Wurzeln befreit werden, die uns an die irdische Welt fesseln und uns zu ihren Sklaven werden lassen. Wer nicht ununterbrochen an sich selbst arbeitet, ist weder für

den Geist offen, noch können die Gaben des Geistes Wurzeln fassen und wachsen. Diese Arbeit muß mit Liebe erfolgen, denn ohne Liebe wird die geistige Saat nicht aufgehen. Deshalb gelten für die Erziehung die gleichen Regeln wie für die Feldarbeit: Reinigen, jäten, ausschneiden, an den festen Stamm binden, gießen und auslesen — eine nicht eben leichte Arbeit! Dazu bedarf es des Wissens, des Zeitaufwandes, der Liebe, der Erfahrung, der Besonnenheit und der Mithilfe anderer Menschen.

4. „Täuscht euch nicht: Gott läßt keinen Spott mit sich treiben; was der Mensch sät, wird er ernten. Wer im Vertrauen auf das Fleisch sät, wird vom Fleisch Verderben ernten; wer aber im Vertrauen auf den Geist sät, wird vom Geist ewiges Leben ernten. Laßt uns nicht müde werden, das Gute zu tun; denn wenn wir darin nicht nachlassen, werden wir ernten, sobald die Zeit dafür gekommen ist. Deshalb wollen wir, solange wir noch Zeit haben, allen Menschen Gutes tun, besonders aber denen, die mit uns im Glauben verbunden sind." (Gal 6, 7—10)

Der Weg zur Schönheit

1. „Liebe Kinder! Ich möchte euch Tag für Tag in Heiligkeit, Güte, Gehorsam und Liebe Gottes kleiden, damit ihr Tag für Tag schöner und bereiter

werdet für euren Herrn. Liebe Kinder, hört auf meine Botschaften und lebt sie! Ich möchte euch führen. — Danke, daß ihr meinem Ruf gefolgt seid!“ (24. 10. 1985)

2. Jede Mutter will ihr Kind in das schönste Gewand kleiden. Eine gute Mutter wird alles tun, um ihr Kind zu verschönern. Das Kind soll schön sein und es soll ihm gut gehen. Heute sind viele Eltern nur noch auf die äußere Schönheit ihrer Kinder bedacht. Sie rackern sich ab, um ihrem Kind alles bieten zu können. Das ist nicht unbedingt schlecht, und sie würden dem Kind gegenüber unverantwortlich handeln, würden sie es vernachlässigen. Wenn sich die elterliche Liebe jedoch nur auf den Körper und das Aussehen des Kindes konzentriert, so ist dies keine echte Liebe, und für das Kind wird das verhängnisvolle Folgen haben. Die wahre Schönheit kann sich ohne die Schönheit des Geistes nicht entfalten. Die gleiche Sorgfalt, die wir dem Körper und dem Aussehen widmen, müssen wir auch der inneren, der geistigen Schönheit bzw. der Persönlichkeitsentwicklung widmen.

3. Maria kennt die geistigen Kleidungsstücke ihrer Kinder und darum sagt sie auch, daß sie uns Tag für Tag in Heiligkeit, Güte, Gehorsam und Liebe Gottes kleiden will.

Heiligkeit ist der Ausdruck für den menschlichen Geisteszustand, in dem sich seine geistige und körperliche Gesundheit und seine tiefe Verbundenheit mit Gott und den Menschen äußert. Wenn die Gesetze des Geistes über die Gesetze der Materie herrschen, dann ist das richtige Gleichgewicht zwischen Geist, Seele und Körper hergestellt. Wer diese Balance gefunden hat, wird weder einsam noch ausgeschlossen sein, sondern wird in neuer Einheit mit Gott und den Menschen leben. Er ist für die neue Begegnung schön gewandet. Die Güte ist ein Teil seines geistigen Gewandes, und durch sie wird er in jedem Geschöpf etwas Gutes erkennen können. Durch die Güte vermag sich der Mensch so zu akzeptieren, wie er eben ist und er wird auch die anderen akzeptieren. Die Güte ist jene geistige Macht, die verhindert, daß der Mensch Sklave seiner bösen Triebe wird. Er wird niemanden verurteilen, niemanden verachten und bereit sein, mit anderen seine geistigen und materiellen Güter zu teilen.

Der Gehorsam ist jener Teil des geistigen Gewandes, der uns mit Gott, dem Schöpfer, und Seinem Willen verbindet. Der Gehorsam macht uns offen für das Wort Gottes und befähigt uns, sich Seinem Willen zu unterwerfen und nach der göttlichen Vorsehung zu leben. Der Hochmut dagegen unterbindet jegliches Zusammenwirken mit Gott. Die Liebe Gottes schließlich ist jener Teil des geistigen Gewandes, der allen Dingen erst ihren Wert verleiht, denn ohne die Liebe Gottes wäre alles wertlos und leer. Maria war in dieses Gewand gehüllt und darum ist sie das schönste aller menschlichen Geschöpfe. Sie will, daß auch ihre Kinder in diesem Gewand erstrahlen.

4. „Legt den alten Menschen ab, der in Verblendung und Begierde zugrunde geht, ändert euer früheres Leben, und erneuert euren Geist und Sinn! Zieht den neuen Menschen an, der nach dem Bild Gottes geschaffen ist in wahrer Gerechtigkeit und Heiligkeit." (Eph 4, 22—24)

Die Liebe verleiht allem Wert

1. „Liebe Kinder! Heute möchte ich euch zur Mitarbeit in der Kirche einladen. Euch alle liebe ich in gleicher Weise, und ich wünsche, daß alle von euch mittun, soviel sie können. Liebe Kinder, ich weiß, daß ihr es könnt, aber nicht wollt, weil ihr euch in diesen Dingen gering und unbedeutend haltet. Es ist notwendig, daß ihr mutig seid und mittels kleiner Blümchen (etwas) beitragt für die Kirche und für Jesus, damit alle zufrieden sein können. — Danke, daß ihr meinem Ruf gefolgt seid!" (31. 10. 1985)

2. Niemand hat für seine Passivität eine gültige Ausrede, denn jeder wird in gleicher Weise geliebt, wird unendlich geliebt. Die Liebe ist die Quelle der Lebens- und Wirkungskraft. Wer sich geliebt weiß, fühlt sich frei, mutig und ist voll Tatendrang.

Er fürchtet weder seine eigene Schwäche noch die Fehler der anderen. Während der Hochmut nur zum äußeren Schein handelt, sucht die Liebe nicht nach Ausflüchten, sondern handelt auch tatsächlich. Wer liebt und geliebt wird, fühlt, daß sein Handeln von immenser Wichtigkeit ist. Die Liebe verleiht jedem Werk Größe — sowohl vor den Menschen als auch vor Gott. Es ist besser zu handeln, und dabei Fehler zu begehen, als aus Trägheit zu versuchen, Fehler zu umgehen. Wer nie die Liebe erfahren hat, die über alles Gute und Böse erhaben ist, sondern für das Gute stets belohnt und für das Böse lieblos bestraft wurde, wird immer unsicher, angespannt und unter Zwang handeln. Jedes Tun wird von Erfolg gekrönt sein müssen, koste es, was es wolle. Freude und Frieden wird der Mensch aber dabei nicht erfahren. Das eigene Tun und auch das Tun der anderen wird nur daran gemessen werden, wieviel sichtbaren Erfolg und äußere Anerkennung es eingebracht hat. Das Herz wird dabei von Aggressivität und Mutlosigkeit erfaßt werden. Hier liegt also die Wurzel dessen, was unseren Lebensrhythmus so negativ beeinflußt und was so viele Leiden verursacht.

3. Maria ist unsere Mutter. Sie liebt alle ihre Kinder in gleicher Weise, und daher ist auch jedes Kind aufgerufen, im Rahmen seiner Möglichkeiten bewußt und aktiv am kirchlichen Leben teilzunehmen. Kirchliches Leben bedeutet ein Leben in

der Gemeinschaft und jedes Mitglied hat darin seinen angestammten Platz. Niemand kann durch einen anderen ersetzt werden und niemand kann für einen anderen lieben. Große und Kleine, Alte und Junge, Gesunde und Kranke, Reiche und Arme, Gebildete und Ungebildete — sie alle können und müssen zum lebendigen Wirken der Gemeinschaft beitragen. Jede Blüte eines Blumenstraußes hat ihren Stellenwert. Es gibt keine wichtigere oder minder wichtige Blüte, denn jede einzelne trägt auf ihre Weise dazu bei, daß der Strauß schön wird. Wer das begriffen hat, muß voll Freude erfüllt sein. Wenn uns das bewußt geworden ist, wird die Bitterkeit aus unseren Herzen verfliegen, die bösen Zungen werden verstummen, und viele werden vom Irrglauben, minderwertig zu sein, geheilt werden. Erst dann werden wir unsere Talente voll entfalten können.

4. „Es gibt verschiedene Gnadengaben, aber nur den einen Geist. Es gibt verschiedene Dienste, aber nur den einen Herrn. Es gibt verschiedene Kräfte, die wirken, aber nur den einen Gott: er bewirkt alles in allen. Jedem aber wird die Offenbarung des Geistes geschenkt, damit sie anderen nützt . . . Denn wie der Leib eine Einheit ist, doch viele Glieder hat, alle Glieder des Leibes aber, obgleich es viele sind, einen einzigen Leib bilden: so ist es auch mit Christus." (1 Kor 12, 4—7 u. 12)

Durch die Liebe werden Grenzen überwunden

1. „Liebe Kinder! Ich lade euch ein zur Liebe gegenüber dem Nächsten, zur Liebe gegenüber dem, von dem euch Böses kommt. So werdet ihr mit Liebe die Absichten des Herzens erkennen können. Betet und liebt, liebe Kinder! Mit Liebe seid ihr imstande, auch das zu vollbringen, was euch als unmöglich erscheint. — Danke, daß ihr meinem Ruf gefolgt seid!" (7. 11. 1985)

2. Wir alle wissen aus Erfahrung, daß jedes Wesen geliebt werden will. Nicht nur der Mensch, auch die Tiere und die Pflanzen sehnen sich nach Liebe. Lieben und geliebt werden gehört zu den Grundprinzipien des Lebens. Wo es keine Liebe gibt, herrscht der Haß, das heißt, es herrschen Tod und Verderben. Wer liebt und geliebt wird, trägt das Licht in seinem Herzen und in diesem Licht vermag er Menschen und Ereignisse zu sehen und zu erkennen. Wenn jedoch das menschliche Herz von Haß erfüllt wird und auf menschliche Schwächen und Sünden nicht mehr mit Liebe reagiert, sondern mit Ablehnung und Verurteilung, kann der Tod seinen Siegeszug antreten. Der Tod herrscht in erster Linie über jene, die hassen, selbst wenn ihr Haß aus menschlicher Sicht begründet ist. Die Menschen verfahren immer nach dem Prinzip: Liebe den, der dich liebt und hasse den, der dich

haßt. Das heißt, Gleiches mit Gleichem zu vergelten: Zahn um Zahn, Wunde um Wunde, Tod um Tod. Das ist das Gesetz des Todes, und dieses Gesetz ist im Menschen leider tiefer verankert als das Gesetz des Lebens.

3. Maria will uns auf einen anderen Weg führen — den Weg Christi, den Weg der Kinder Gottes und den Weg ihrer Kinder. Sie will uns lehren, daß die Liebe den Haß besiegt, das Licht die Finsternis vertreibt und die Vergebung den zugefügten Schmerz vergessen läßt. Hier hat die Liebe Christi ihren Ausgangspunkt und damit auch die Liebe jedes Christen. Wer liebt, der steht im Licht. Das Licht der Liebe beleuchtet daher auch das Tun der anderen. Die Liebe bildet sich ihr Urteil, aber sie verurteilt nicht, sie versucht zu verstehen und zu akzeptieren, aber nicht abzuweisen. Sie vermag daher naiv und schwächlich erscheinen, tatsächlich jedoch ist sie allmächtig. Wer liebt, trägt das Feuer der göttlichen Allmacht und der göttlichen Allwissenheit in sich. Wer aber nicht liebt, der lebt im Dunkeln, denn der Haß verbreitet nur Finsternis. Er straft sich somit selbst, denn er steht seiner eigenen Entwicklung im Wege, er schöpft seine Möglichkeiten nicht voll aus und setzt seinem Lebensraum nur enge Grenzen. Maria will uns die richtigen Lebensregeln beibringen und darum fordert sie uns auf, zu lieben und unsere Liebe über alle menschlichen Erwägungen und die menschli-

che Logik zu stellen. Nur so können wir die Gesetze des Friedens befolgen und den Weg des Friedens beschreiten.

4. „Die Liebe ist langmütig, die Liebe ist gütig. Sie ereifert sich nicht, sie prahlt nicht, sie bläht sich nicht auf. Sie handelt nicht ungehörig, sucht nicht ihren Vorteil, läßt sich nicht zum Zorn reizen, trägt das Böse nicht nach. Sie freut sich nicht über das Unrecht, sondern freut sich an der Wahrheit. Sie erträgt alles, glaubt alles, hofft alles, hält allem stand. Die Liebe hört niemals auf!" (1 Kor 13. 4—8a)

Die Liebe überwindet Müdigkeit und Entfernung

1. „Liebe Kinder! Ich, eure Mutter, liebe euch und möchte euch zum Gebet aufmuntern. Liebe Kinder, ich bin unermüdlich und rufe euch auch dann, wenn ihr weit von meinem Herzen seid. Ich bin Mutter. Wenn ich auch Schmerz empfinde über jeden, der auf Irrwege geraten ist, verzeihe ich leicht und freue mich über jedes Kind, das sich bekehrt. — Danke, daß ihr meinem Ruf gefolgt seid!" (14. 11. 1985)

2. Wer liebt, sucht unermüdlich die Nähe des Geliebten. Menschliche Gefühle wie Haß, Neid, Eifersucht, Kränkung, Ungerechtigkeit, Ablehnung oder

auch andere negative Einflüsse werden dem, der im christlichen Sinne und durch die Kraft Christi liebt, nichts anhaben können. Seine Liebe wird sich nur neu beweisen und weiter festigen. Die rein irdische Liebe dagegen ermüdet rasch und versiegt. Enttäuschte Liebe läßt Rachegelüste aufkeimen, und unerwiderte Liebe hinterläßt Leere, in die sich der Haß einnistet. Diese Liebe lebt nur vom irdischen Brot. Sie heischt nach Anerkennung, sie stellt Bedingungen und erwartet Gegenliebe. Diese Liebe ist nur seicht und erzeugt Unmut. Genau das wäre aber für den Menschen der Ansatzpunkt, um seine Beziehung zu den Mitmenschen zu hinterfragen. Wenn unsere Liebe enttäuscht wird, steigen Unmut und Ruhelosigkeit in uns auf und wir schieben die Schuld anderen zu. Wir meinen, die Menschen wären schlecht, dabei erwarten wir von ihnen nur zuviel, weil unsere Liebe eben nur von menschlichen Motiven geleitet wird.

3. Maria, die Mutter der reinen Liebe, will uns zur christlichen, bedingungslosen, heißen und unermüdlichen Liebe erziehen. Sie selbst geht mit gutem Beispiel voran. In dieser Botschaft bekennt sie ihren Schmerz, aber sie äußert nicht ihren Unmut. Aus Liebe leidet sie für uns und verläßt uns dennoch nicht. Sie ruft uns unermüdlich und liebt uns auch dann, wenn ihre Liebe keinen Widerhall findet. Sie liebt uns, auch wenn wir weit von ihrem Herzen entfernt sind, und sie empfindet

Freude, wenn wir zu ihr zurückfinden. Nichts und niemand könnte ihre Liebe unterbinden, und niemand steht so ferne, daß ihn ihre Liebe nicht erfassen könnte. Maria will ihren Kindern nahe sein, und die Liebe öffnet ihr alle Grenzen und läßt sie alle Hindernisse überwinden. Die göttliche Liebe hat im Herzen Mariens ihre wahre Heimstätte gefunden. Wenn wir unser selbst, der Familie, der Gemeinschaft, der Gesellschaft, des Gebets oder der guten Taten überdrüssig sind, so ist auch das ein Ausdruck unserer Liebe. Diese Überdrüssigkeit und Müdigkeit, die sich heute in der ganzen Welt in Form von Drogensucht, Alkoholismus, Verbrechen, Selbstmord oder Ehescheidungen äußert, ist der beste Beweis dafür, daß es an der Zeit wäre, daß jeder einzelne, jede Familie, die Kirche und die ganze Welt endlich das Böse überwindet. Das ist die Botschaft des Friedens, und der Friede kann nur durch die Liebe verwirklicht werden.

4. „Leg mich wie ein Siegel auf dein Herz, wie ein Siegel auf deinen Arm! Stark wie der Tod ist die Liebe, die Leidenschaft ist hart wie die Unterwelt. Ihre Gluten sind Feuergluten, gewaltige Flammen. Auch mächtige Wasser können die Liebe nicht löschen; auch Ströme schwemmen sie nicht weg. Böte einer für die Liebe den ganzen Reichtum seines Hauses, nur verachten würde man ihn." (Hld 8, 6—7)

Durch die Liebe ähnlich werden

1. „Liebe Kinder! Ich möchte euch sagen, daß dies jetzt die Zeit besonders für euch aus der Pfarre ist. Im Sommer sagt ihr, daß ihr viel Arbeit habt. Jetzt gibt es auf dem Feld keine Arbeit. Arbeitet an euch selber! Kommt zur heiligen Messe, denn das ist die Zeit, die euch geschenkt ist. Liebe Kinder! Es sind genügend, die trotz des schlechten Wetters regelmäßig kommen, weil sie mich lieben und ihre Liebe auf eine besondere Weise zeigen wollen. Ich erwarte von euch, daß ihr mir eure Liebe erweist, indem ihr zur heiligen Messe kommt. Und ... der Herr wird euch reichlich belohnen. — Danke, daß ihr meinem Ruf gefolgt seid!“ (21. 11. 1985)

2. Wer liebt, wird alles tun, um dem Geliebten zu begegnen und mit ihm seine Zeit zu verbringen. Die Liebe führt zum Herzen des geliebten Menschen, und sie beflügelt den Liebenden, dem Geliebten ähnlich zu werden. Im Bestreben, dem Geliebten nahe zu sein, wird der Liebende dem Geliebten unbewußt immer ähnlicher. Die Liebe läßt im Beisein des Geliebten die Zeit rascher verfliegen und jede Arbeit und Mühe leichter erscheinen. Gott liebt den Menschen, und so konnte er nicht umhin, als ihn nach Seinem Abbild zu schaffen, damit Ihm der Mensch in allem ähnlich werde. Weil Gott den Menschen liebt, ist Seine Liebe for-

dernd. Jesus fordert von uns, so wie Sein Vater im Himmel, barmherzig, heilig und untadelig zu sein und so wie Sein Vater zu lieben. Damit dies dem Menschen auch gelinge, verwandelt sich Gott durch Jesus Christus in das Brot, unsere Nahrung, und wird Mensch, um dem Menschen ähnlich zu sein. Christus nahm Menschengestalt an, und Er wurde dem Menschen in allem ähnlich, außer bei der Begehung der Sünden.

3. Maria will uns zur Liebe erziehen. Darum ruft sie uns in dieser Botschaft auf, aus Liebe zu ihr die Messe mitzufeiern. Ihre Aufgabe ist es, uns zu helfen, durch unsere Liebe Gott von Tag zu Tag ähnlicher zu werden. Wenn wir in unserer Liebe wachsen, so gereicht das Maria zur Ehre und durch sie Gott zum Ruhm. Maria könnte uns nicht richtig erziehen, würde sie uns nicht lehren, die Messe zu feiern. Die Messe ist der schönste Gegenstand dieser Lebensschule. Wer liebt, wird sich für die Messe Zeit nehmen, und wer nicht liebt, wird für sein Fernbleiben immer eine Ausrede finden. Wer nicht zur Messe kommt, schlägt nicht allein ein Angebot aus, sondern er wird auch noch das verlieren, was er bereits besitzt. In der heiligen Messe erlangt der Mensch göttlichen Reichtum, und das erfreut sowohl den Liebenden als auch den Geliebten. Aus diesem Grunde sollten wir in unseren Gebeten Gott täglich darum bitten, uns die Augen zu öffnen für den Reichtum des Eucha-

ristieopfers, damit wir nach Seinem Willen in unserer Liebe wachsen können.

4. „Ihr aber sollt eure Feinde lieben und sollt Gutes tun und leihen, auch wo ihr nichts dafür erhoffen könnt. Dann wird euer Lohn groß sein, und ihr werdet Söhne des Höchsten sein; denn auch er ist gütig gegen die Undankbaren und Bösen. Seid barmherzig, wie es auch euer Vater ist! Richtet nicht, dann werdet auch ihr nicht gerichtet werden. Verurteilt nicht, dann werdet auch ihr nicht verurteilt werden. Erlaßt einander die Schuld, dann wird auch euch die Schuld erlassen werden." (Lk 6, 35—37)

Durch die Buße, das Gebet und die Taten der Liebe

1. „Liebe Kinder! Ich lade euch ein, daß ihr euch mit Buße, Gebet und mit Taten der Liebe auf Weihnachten vorbereitet. Schaut nicht, liebe Kinder, auf das Materielle, denn dann werdet ihr Weihnachten nicht erleben können. — Danke, daß ihr meinem Ruf gefolgt seid!" (5. 12. 1985)

2. Ein christliches Leben ist sinnerfüllt, wenn die Liebe gute Werke vollbringt.

Das Wort „Buße" hat für den Christen oft einen negativen Beiklang. Die Menschen scheuen sich oft davor, Buße zu tun, dabei heißt Buße nichts anderes, als den inneren Kampf gegen die Sünde, die den Menschen zu versklaven droht und ihn unfähig macht, das Gute zu tun, aufzunehmen. Buße tun, bedeutet, sich den negativen Einflüssen, denen wir ständig ausgesetzt sind, immer mehr und mehr zu entziehen. Dieser innere Kampf und dieser Befreiungsversuch hat, wie auch jeder andere Kampf, seine eigenen Regeln und Gesetze. In welchem Maße die Kinder Gottes bereit sind, gegen den Hochmut, den Egoismus, die Begierde, die Zügellosigkeit, den Geiz, die Faulheit, die Brutalität, die Unversöhnlichkeit und den Neid anzukämpfen, wird davon abhängen, wieviel ihnen die Freiheit wert ist. Wer sich in Demut, Gehorsam, Genügsamkeit und Vergebung übt, tut zugleich Buße. Die Buße hat also nichts Negatives an sich, sie ist vielmehr positiv und für jeden Menschen notwendig. Auch der Bauer geht im Frühjahr in seinen Weingarten, um Stock für Stock zu reinigen, ihn von den verdorrten Ästen zu befreien und ihm das Wachstum zu ermöglichen. Nur wer den Zweck dieser Arbeit kennt, wird wissen, warum sie der Bauer tut.

Durch das Gebet wird uns am ehesten bewußt, wovon sich unser Herz befreien muß und wie es sich davon befreien kann. Im Gebet begegnen wir Gott. Er ist das Licht, und in Seinem Licht können wir unsere lichte Seite, aber auch unsere dunkle Seite erkennen. Das Gebet verleiht uns die Kraft, gegen das Böse in uns anzukämpfen und es verleiht uns die Energie, es für immer zu besiegen.

3. Maria ruft uns zur Buße, zum Gebet und zu Werken der Liebe auf. Weihnachten ist ein freudiges Ereignis, das sich eigentlich täglich ereignen könnte und müßte. Immer, wenn aus einem Menschenherz die Sünde und das Böse verbannt wird, besteht Grund zur Freude, denn Gott kann in uns einziehen — und das heißt Weihnachten. Wer innerlich nicht frei ist, kann auch kein Weihnachten feiern, denn erst diese innere Freiheit ermöglicht es uns, den Mitmenschen zu begegnen. Sie öffnet uns erst die Augen für die anderen und sie ermöglicht es uns, ihnen mit Taten der Liebe zu helfen, und im Grunde genommen helfen wir uns damit selbst am meisten. Wer nur den materiellen Dingen verhaftet bleibt, wird Weihnachten nicht erleben können.

4. „Meine Brüder, was nützt es, wenn einer sagt, er habe Glauben, aber es fehlen die Werke? Kann etwa der Glaube ihn retten? Wenn ein Bruder oder eine Schwester ohne Kleidung ist und ohne das tägliche Brot und einer von euch zu ihnen sagt: Geht in Frieden, wärmt und sättigt euch!, ihr gebt ihnen aber nicht, was sie zum Leben brauchen — was nützt das? So ist auch der Glaube für sich allein tot, wenn er nicht Werke vorzuweisen hat ... zeig mir deinen Glauben ohne die Werke, und ich zeige dir meinen Glauben aufgrund der Werke." (Jak 2, 14—17 u. teilw. 18).

Durch die Liebe zum Nächsten werdet Ihr Jesus begegnen

1. „Liebe Kinder! Heute möchte ich euch zur Nächstenliebe aufrufen. Wenn ihr den Nächsten liebt, werdet ihr Jesus mehr erfahren, besonders am Weihnachtstag. Gott wird euch mit reichen Gaben beschenken, wenn ihr euch Ihm hingebt! Am Weihnachtstag möchte ich auf besondere Weise meinen mütterlichen Segen den Müttern erteilen, und allen anderen wird Jesus Seinen Segen erteilen. — Danke, daß ihr meinem Ruf gefolgt seid!“ (19. 12. 1985)

2. Diese Botschaft hat weihnachtlichen Charakter. Die christliche Lehre basiert auf dem kühnen Gedanken, daß unser Nächster der Ort ist, an dem wir Gott begegnen. Darum bietet uns jeder Mensch, dem wir begegnen oder mit dem wir zusammenleben, die Möglichkeit, durch ihn Gott zu begegnen. Das gilt insbesondere für jeden kranken, schwachen und gestrauchelten Menschen. Jeder Mensch ist ein Sakrament, eine Stätte, um Gott zu begegnen. Wir können daran natürlich auch vorbeigehen und so die freudige Begegnung mit Gott verhindern. Es wird also vom einzelnen abhängen, ob er im Mitmenschen einen Tempel und das Paradies oder die Hölle sieht. Je nach Sichtweise wird entweder die Erhabenheit und Schönheit der christlichen Lehre zum Ausdruck

kommen oder aber der Mensch wird des Menschen Wolf werden. Gott ist durch Jesus Christus dem Menschen nahe. Sein Name ist Emanuel, d. h. Gott mit uns. Die Christen sind keine Pantheisten, sie sehen Gott nicht in allen Dingen, aber sie sehen Ihn in jedem Mitmenschen. Sie lieben Gott und lieben dadurch auch die Menschen in ihrem Umfeld. Sie nähern sich ihrem Gott.

3. Maria bereitet uns auf Weihnachten vor. Sie hat der Welt das fleischgewordene Wort, Emanuel, geschenkt, und ihr Wunsch ist es, daß alle Menschenkinder Gott fühlen können und dadurch reich beschenkt werden. Das größte Geschenk ist Gott selbst, denn Er gibt für uns Sein Leben hin. Maria breitet ihren Segen über alle Mütter aus. Segnen heißt, über andere gut zu reden, sie anzunehmen und eine Atmosphäre zu schaffen, in der man Gott begegnen kann. Marias mütterlicher Segen soll alle Mütter befähigen, Leben anzunehmen, es zu schützen und zu lieben, damit sie in jedem ihrer Kinder Gott begegnen können und Ihn annehmen. Jesus breitet Seinen Segen über alle Menschen aus. Er selbst ist der größte Segen für uns, denn Er kam nicht, zu richten, sondern um zu erlösen; Er kam nicht, um uns Wunden zuzufügen, sondern uns zu heilen. Diesem Gott öffnet sich gerne jedes Menschenherz, und Gott macht es nur noch reicher. Darum verspüren wir zu Weihnachten auch ein besonderes Glücksgefühl.

In die Herzen strömt auch unter schwersten Bedingungen Freude, und die Freude wiederum öffnet die Herzen für Gott und die Menschen. Maria will ihre Kinder zu einer frohen Gemeinschaft zusammenschweißen. Noch müssen viele ihrer Kinder aber leiden, denn sie sind weit davon entfernt, Weihnachten erleben zu können, weil eben eines vom anderen noch viel zu weit entfernt ist. Friede bedeutet aber gegenseitige Nähe und Wärme!

4. „Dieses Wort ist glaubwürdig, und ich will, daß du dafür eintrittst, damit alle, die zum Glauben an Gott gekommen sind, sich nach Kräften bemühen, das Gute zu tun. So ist es gut und für alle Menschen nützlich." (Titus 3, 8)

Ein Wort zum Jahreswechsel

1. „Liebe Kinder! Ich möchte mich bei allen bedanken, die meine Botschaft gehört und am Weihnachtstag gelebt haben, was ich gesagt habe. Von nun an möchte ich euch in der Liebe weiterführen, damit ihr rein von Sünde bleibt. Übergebt mir eure Herzen! — Danke, daß ihr meinem Ruf gefolgt seid!" (26. 12. 1985)

2. Im Jahre 1985 sprach die Gottesmutter in etwa 20 Botschaften von der Liebe. Am Ende jeder Botschaft bedankt sie sich für den Gehorsam und drückt ständig ihren Wunsch und ihre Entschlos-

senheit aus, ihre Kinder — und alle Menschen sind ihre Kinder — auf ihrem Weg mit Liebe zu begleiten. Aus ihren Worten spricht somit die Dankbarkeit einer Mutter und gleichzeitig die Entschlossenheit einer Lehrerin, die den Lernprozeß ihrer Kinder kontinuierlich vorantreiben will. Das Kind soll von Liebe behütet wachsen, die Sünde besiegen und nie mehr vom Bösen befleckt werden. Keines ihrer Kinder darf von den anderen getrennt werden, und kein Leben darf vernichtet werden. Jeder neue Tag ist ein Geschenk Gottes, und jeder neue Tag gibt uns die Möglichkeit, Gutes zu tun. An manchen Tagen werden wir zögern und das Gute unterlassen, aber es wird dennoch keinen Tag geben, an dem uns die göttliche Vergebung nicht zuteil wird. Wer seinen Tag so lebt, als wäre es sein letzter, gleichzeitig aber auch sein erster Tag, beweist damit ein hohes Maß an Reife. Würden wir den Menschen jedes Mal so begegnen, als wäre es sowohl das erste als auch das letzte Mal, würde sich unser Herz freier fühlen. Niemand müßte mehr die Last der Vergangenheit mit sich herumschleppen, und niemand müßte mehr Angst vor der Zukunft haben. Die Liebe befreit von aller Last, und wo sie herrscht, bleibt kein Raum für Ängste und Nöte. Es wäre ein guter Abschluß, würden wir unter unser bisheriges Leben einen Schlußstrich ziehen, und es wäre ein noch besserer Anfang, würden wir unser weiteres Leben damit beginnen, uns dem Willen Gottes bedingungslos zu fügen und das Leben in die Hände Mariens zu legen.

3. „Ich danke dir, Maria, für die Botschaften, in denen du als Mutter deine Liebe ausdrückst und auch von der Liebe sprichst. Hilf uns, gute Schüler in deiner Schule zu sein. Lehre uns, dein Wort mit Liebe zu befolgen, um von Tag zu Tag schöner zu werden — eingehüllt in das Gewand der Güte, der Milde, der Demut und der Liebe. Laß nicht zu, daß jemand den Mantel des Friedens zerreißt. Mutter, wir legen alles in deine Hände. Führe uns zur ewigen Liebe, die dich zu unserer schönsten und liebsten Mutter gemacht hat. Amen."

4. „Gebt acht, Brüder, daß keiner von euch ein böses, ungläubiges Herz hat, daß keiner vom lebendigen Gott abfällt, sondern ermahnt einander jeden Tag, solange es noch heißt: Heute, damit niemand von euch durch den Betrug der Sünde verhärtet wird; denn an Christus haben wir nur Anteil, wenn wir bis zum Ende an der Zuversicht festhalten, die wir am Anfang hatten ... Heute, wenn ihr seine Stimme hört, verhärtet euer Herz nicht." (Hebr 3, 12—14 u. teilw. 15)

Der mütterlichen Liebe glauben

1. „Liebe Kinder! Auch heute rufe ich euch zum Gebet auf. Ich brauche eure Gebete, damit Gott in allem verherrlicht werde. Liebe Kinder, ich

bitte euch, hört und lebt den Ruf der Mutter, denn ich rufe euch nur aus Liebe, um euch zu helfen. — Danke, daß ihr meinem Ruf gefolgt seid!" (16. 1. 1986)

2. Aus unserer Erfahrung wissen wir, daß alle unsere Werke, unsere Bestrebungen und Bemühungen, ja selbst die Liebe zu den Menschen und zu Gott nur darauf hinzielen, selbst etwas zu gewinnen. Wir suchen die Anerkennung, die Erwiderung unserer Liebe, wir heischen nach Achtungsbeweisen, nach Dank und Beifall. Rein menschlich betrachtet ist das verständlich und gerechtfertigt. Wir müssen jedoch zugeben, daß sogar unsere Werke der Liebe nicht frei von Egoismus, Eigennutz und dem Wunsch nach Ruhm, Macht und Herrschaft sind. Wahrscheinlich ist das in unseren Genen so vorprogrammiert. Ideal wäre es allerdings, wenn sich der Mensch in seinen Handlungen nicht mehr von diesen persönlichen Beweggründen, sondern von der Liebe Gottes leiten ließe. Der Mensch würde dabei glücklich werden, selbst wenn er sein Leben opfern müßte. Wer immer nur darauf erpicht ist, daß sein Tun belohnt, von Erfolg gekrönt, anerkannt und bejubelt wird, macht nicht nur sich selbst, sondern auch den anderen das Leben schwer. Er wird immer nur dem Erfolg und der Anerkennung nachjagen müssen, und die anderen werden gezwungen sein, aus Angst oder Rücksicht Lob und Beifall zu heucheln.

Wer aus rein menschlichen Motiven handelt, wird zum Bettler und Tagelöhner. Er strebt nur nach dem Erfolg des Augenblicks und nach dem Lohn eines einzigen Tages. Jeder Mensch entscheidet für sich: Entweder wird er frei und sein Handeln gereicht zum Ruhme Gottes, weil es bewußt erfolgt und die von Gott geschenkten Gaben genutzt werden, oder er läßt sich versklaven und unterjochen, weil er nur im Eigeninteresse handelt, dabei aber nie glücklich und zufrieden werden kann. Gott wird durch jene gepriesen, die bewußt mit Ihm zusammenwirken wollen und Ihm in Demut dienen.

3. Maria ruft uns zum Gebet auf. Durch das Gebet werden wir rein, denn das Gebet bedeutet eine Begegnung mit Gott. Im Gebet lernt der Mensch, Gott und den Mitmenschen Vorrang einzuräumen. Wer nicht betet, wird nie das Ideal der christlichen Liebe erreichen. Wer nicht betet, wird geneigt sein, sich anzueignen, was ihm nicht zusteht. Damit wird Gott nicht nur die gebührende Ehrerweisung versagt, sondern es werden auch die Mitmenschen geschädigt. Maria hat die Aufgabe, uns die richtige Liebe zu Gott und den Mitmenschen beizubringen. Das Gebet vermittelt uns die Kraft, das, was wir als richtig erkannt haben, auch auszuführen. Wenn wir das Gefühl haben, geistig auf der Stelle zu treten, dann ist das ein untrügliches Zeichen dafür, daß wir zuwenig beten. Laßt uns

darum beten, daß jedes unserer Vorhaben frei von allen Nebenabsichten wird!

4. „Ob ihr also eßt oder trinkt oder etwas anderes tut: tut alles zur Verherrlichung Gottes! Gebt weder Juden noch Griechen, noch der Kirche Gottes Anlaß zu einem Vorwurf! Auch ich suche allen in allem entgegenzukommen; ich suche nicht meinen Nutzen, sondern den Nutzen aller, damit sie gerettet werden." (1. Kor 10, 31—33)

Wenn Ihr helft, so helft mit Liebe

1. „Liebe Kinder! Heute bitte ich euch, daß ihr mit euren kleinen Opfern diese Fastenzeit lebt. Danke für jedes Opfer, das ihr mir dargebracht habt. Liebe Kinder, lebt weiterhin so und helft mir, mit Liebe das Opfer darzubringen. Gott wird euch dafür belohnen. — Danke, daß ihr meinem Ruf gefolgt seid!" (13. 3. 1986)

2. Wer liebt, ist auch bereit, für den anderen in jeder nur erdenklichen Lage alles zu tun. Wenn es sich dabei um eine schwierige Aufgabe handelt oder wenn ein Mensch für andere sein Hab und Gut oder gar sein Leben einsetzt, so kann dies als Opfer bezeichnet werden, obwohl das Wort „Opfer" nicht unbedingt mit etwas Schwerem und Unangenehmen in Verbindung gebracht werden muß. Ob etwas als Opfer empfunden wird, wird vom Aus-

maß der Liebe abhängen. In der Fastenzeit haben die gläubigen Christen stets Christus vor Augen, der Sein Leben hingibt, das Kreuz trägt und am Kreuze stirbt. Damit hat Er uns einen großen Beweis Seiner Liebe geliefert. Er hat sich für uns geopfert. Seine Liebe, die Er durch dieses Opfer beweist, soll alle jene, die an Ihn glauben und Ihn lieben dazu bewegen, so wie Er zu lieben.

3. Maria führt uns zu Jesus. Sie kann am leidenden Jesus, mit dem sie mitgelitten hat, und dem sie bewiesen hat, zu welchem Opfer sie aus Liebe zu ihm bereit ist, nicht vorbeigehen. Die Fastenzeit ist die Zeit der Umkehr, die Zeit, um Egoismus, Hochmut, Sünden und anderes Übel abzustreifen. In der Fastenzeit entbrennt eine neue Liebe für christliche Ideale, für die es sich lohnt, Christus alles zu opfern. Damit uns dies aber bewußt wird, müssen wir den leidenden Christus vor Augen haben. Wer nicht mit ganzem Herzen bereit ist, seine Zeit, seinen Besitz und sich selbst zu opfern, kann nicht vom neuen Geist der Fastenzeit durchdrungen werden. Maria ruft uns zu Opfern auf und als Mutter verspricht sie uns dafür auch eine Belohnung. Gott wird jene belohnen, die aus Liebe ein Opfer darbringen. Maria weiß, daß wir am ehesten zur Liebe und zum Opfer bereit sind, wenn uns dafür ein Lohn winkt. Unsere größte Belohnung wird sein, Gott über alles lieben zu können, uns selbst zu lieben und den Nächsten so zu lieben

wie uns selbst. Wir sollten auch nicht vergessen, daß uns Maria für unsere Opfer und unsere Liebe dankt. Dabei dankt sie weniger dafür, daß wir etwas für sie getan haben, sondern vielmehr dafür, daß wir ihr helfen, daß sie alles für uns tun kann. Es wird immer unbestritten bleiben, daß wir durch die Liebe und durch das Opfer in erster Linie uns selbst am meisten helfen, denn dadurch können wir als Mensch und Christ reifen und als Kind Gottes dem Bild, das in unser Herz eingeprägt ist, immer ähnlicher werden.

4. „Gepriesen sei der Gott und Vater Jesu Christi, unseres Herrn, der Vater des Erbarmens und der Gott allen Trostes. Er tröstet uns in all unserer Not, damit auch wir die Kraft haben, alle zu trösten, die in Not sind, durch den Trost, mit dem auch wir von Gott getröstet werden. Wie uns nämlich die Leiden Christi überreich zuteil geworden sind, so wird uns durch Christus auch überreicher Trost zuteil." (2 Kor 1, 3—5)

Das größte Opfer ist die Liebe

1. „Liebe Kinder! Ich danke euch für alle Opfer und rufe euch zum größten Opfer auf, dem Opfer der Liebe. Ohne Liebe könnt ihr weder mich noch meinen Sohn annehmen. Ohne Liebe könnt ihr anderen nicht Zeugnis von euren Erfahrungen

geben. Daher lade ich euch ein, liebe Kinder, fangt an, die Liebe (in eurem Herzen) zu leben. — Danke, daß ihr meinem Ruf gefolgt seid!“ (27. 3. 1986)

2. Auch heuer werden wir in der Fastenzeit wieder dazu aufgerufen, unser Leben nach einem neuen Gesetz — dem Gesetz der Liebe — auszurichten. Zwei Wochen vorher, am 13. 3. 1986, appelliert die Gottesmutter an uns, alles mit Liebe zu tun, und auch beim Helfen Liebe walten zu lassen. Zu Beginn der Fastenzeit bittet sie uns, daß wir uns aus Liebe opfern, aus Liebe verzichten und aus Liebe fasten, denn erst durch die Liebe erhalten diese Handlungen ihren wahren Wert. Der Wortlaut der obigen Botschaft erstaunt uns: „Das größte Opfer ist die LIEBE. “ Um diese Botschaft zu verstehen, müssen wir lernen, umzudenken. Ein Opfer bedeutet für uns etwas Schweres und Qualvolles, denn wir haben noch nicht gelernt, die eigene Person und die eigenen Bedürfnisse in den Hintergrund und die Mitmenschen und Gott in den Vordergrund zu stellen. Obwohl das Wort „Opfer“ im allgemeinen Sprachgebrauch eher negativ besetzt ist, regt sich in uns doch jedesmal, wenn uns bewußt wird, daß sich ein anderer für uns aufgeopfert hat, ein Gefühl der Dankbarkeit, der Liebe, des Glücks und der Sicherheit. Durch das Opfer des anderen werden wir uns des Wertes unseres eigenen Lebens bewußt und wir erhalten einen Beweis der Liebe.

Wie kann die Liebe das größte OPFER sein, wenn sie doch den Menschen glücklich macht und seine Leiden mildert? Nachdem der liebende Mensch versucht hat, diese Frage zu überdenken, seine Gefühle zu analysieren und einen Schluß daraus zu ziehen, wird er am Ende erkennen, daß sich das Opfer in Liebe umgewandelt hat und die Liebe in das größte OPFER. Wer nicht liebt, kann sich nicht opfern, und wer sich nicht opfert, kann in der Liebe nicht wachsen. Wenn der Mensch in der Liebe wächst, wird das Opfer Ausdruck der größten Liebe und die Liebe befähigt zum Opfer.

3. Die Gottesmutter war die Mutter und Erzieherin Jesu. Sie lebten zusammen in einer Familie und Maria lehrte Ihn das größte Opfer, das Opfer der Liebe. So wie sie Jesus nicht ohne Liebe hätte empfangen können, können auch wir Jesus nicht ohne die Gnade der Liebe in uns aufnehmen. Maria weiß das. Unsere Erfahrungen und unsere Zeugenschaft der Liebe werden zum Licht, zum Weg und zur Wahrheit für andere. Wer die Liebe in seinem Herzen trägt, verwandelt alles in das Opfer der Liebe. Das Opfer aber führt weg von der Sünde und vom Tod und schenkt uns das Leben.

4. „Liebe Brüder, wir wollen einander lieben; denn die Liebe ist aus Gott, und jeder, der liebt, stammt von Gott und erkennt Gott. Wer nicht liebt, hat Gott nicht erkannt; denn Gott ist die Liebe. Die Liebe Gottes wurde unter uns dadurch offenbart,

daß Gott seinen einzigen Sohn in die Welt gesandt hat, damit wir durch ihn leben. Nicht darin besteht die Liebe, daß wir Gott geliebt haben, sondern daß er uns geliebt und seinen Sohn als Sühne für unsere Sünden gesandt hat.“ (1 Joh 4, 7—10)

Die Liebe ist der Schlüssel zum Geheimnis

1. „Liebe Kinder! Ich möchte euch zum Miterleben der heiligen Messe einladen. Viele von euch haben die Freude und die Schönheit der heiligen Messe erfahren, und es gibt solche, die ungern zur Messe kommen. Ich habe euch, liebe Kinder, auserwählt, und Jesus gibt euch Seine Gnaden in der heiligen Messe. Daher lebt bewußt die heilige Messe, und jedes Kommen soll euch Freude bereiten. Kommt mit Liebe und nehmt mit Liebe die heilige Messe an! — Danke, daß ihr meinem Ruf gefolgt seid!“ (3. 4. 1986)

2. Das Opfer, das wahrhaftig die Welt erlöst, ist die heilige Messe. Sie ist das größte aller Opfer. Die Liebe vergegenwärtigt auf unblutige Weise das blutige Opfer des ersten Karfreitag und läßt es unter uns lebendig werden. Die Liebe hat Christus dazu bewogen, bei den Menschen zu bleiben. Seine allmächtige göttliche Liebe verwandelt Brot und Wein in das göttliche Opfer für die Erlösung der Welt. Es ist die eucharistische Liebe Christi,

die im Meßopfer dargebracht wird. Es ist die Liebe, der wir mit besonderer Liebe antworten müssen. Wir müssen mit Liebe zur Messe kommen und die Messe leben. Wir müssen dankbar sein für die immerwährende Liebe Christi, die Er durch Sein Opfer besiegelt. Nur wer mit Liebe die Messe mitfeiert, wird in das Geheimnis der unendlichen göttlichen Liebe eindringen, die sich auf so einfache und konkrete Weise verschenkt.

3. Maria hat die Aufgabe, uns zu lehren, wie wir Christus in echter eucharistischer Liebe begegnen können. Wir müssen um die Gnade der eucharistischen Liebe beten, damit wir stets voll Freude zur Messe kommen und sie mitfeiern können und dadurch in das Geheimnis dieser Liebe eindringen. Maria will, daß wir begreifen, daß Jesus während jeder Messe für uns stirbt, damit wir leben können. Jeder von uns darf sagen: Jetzt stirbt Jesus für mich. Durch Seinen Tod werde ich unsterblich, denn das Tor des Lebens öffnet sich für mich. Sein Opfer läßt sich mit Worten schwer beschreiben. Worte hätten hier den gleichen Effekt, als würde man einem Durstigen frisches Wasser beschreiben. Die Liebe ist der Schlüssel zum Geheimnis der göttlichen Liebe. Diese Liebe strömt in das Herz und die Seele des Menschen und der Mensch wird fähig, mit seinem ganzen Wesen konkret darauf zu antworten, indem er durch Worte, Gedanken und Werke für alle Menschen, denen er begeg-

net, zum himmlischen Brot wird. Er wird mit ihnen und für sie sterben und auferstehen.

4. „Das ist mein Gebot: Liebt einander, so wie ich euch geliebt habe. Es gibt keine größere Liebe, als wenn einer sein Leben für seine Freunde hingibt. Ihr seid meine Freunde, wenn ihr tut, was ich euch auftrage ... Nicht ihr habt mich erwählt, sondern ich habe euch erwählt und dazu bestimmt, daß ihr euch aufmacht und Frucht bringt und daß eure Frucht bleibt." (Joh 15, 12—14 u. 16a) „Das ist mein Leib, der für euch hingegeben wird ... das ist mein Blut, das für euch vergossen wird!"

In der Liebe wachsen

1. „Liebe Kinder! Ich möchte euch zum Wachsen in der Liebe einladen. Eine Blume kann ohne Wasser nicht richtig gedeihen. So könnt auch ihr, liebe Kinder, nicht ohne göttlichen Segen wachsen. Ihr müßt von Tag zu Tag um Segen bitten, damit ihr richtig wachsen und alle eure Arbeiten mit Gott verrichten könnt. — Danke, daß ihr meinem Ruf gefolgt seid!" (10. 4. 1986)

2. Die Liebe ist eine Gnade, aber auch die Frucht dessen, wie wir mit dieser Gnade umgehen. Maria ist eine Mutter. Sie will ihren Kinder alles Wissenswerte auf einfache, bildhafte, kluge und effektive Weise beibringen. So ist jedes Saatkorn ein

Geschenk. Damit es aufgehen und Früchte tragen kann, bedarf es der Sonne, fruchtbaren Nährbodens, des Wassers und der ständigen Pflege durch den Menschen. Nur wenn alle Bedingungen erfüllt sind, kann das Saatkorn auf natürliche Weise wachsen und sich entfalten.

3. Die Liebe folgt dem gleichen Gesetz, denn sie ist das Samenkorn, das Gott in unser Herz gesetzt hat. Gott liebte den Menschen, lange bevor dieser noch geboren war. Er liebte ihn, selbst wenn nur die Möglichkeit seiner Existenz gegeben war. Gott liebte uns schon, als noch niemand ahnen oder wissen konnte, daß wir einmal auf die Welt kommen werden. Seine Liebe hat uns aus dem ewigen Nichts herausgehoben und in unseren Herzen tiefe Spuren hinterlassen. Wir tragen den Samen Seiner Liebe in unserem Herzen und darum ist auch die Sehnsucht nach Liebe schon bei der Geburt fest in jedem Menschen verankert. So wie das Saatkorn, folgt auch die Liebe dem Gesetz des Wachstums — sie muß blühen und reifen, um Früchte zu tragen. So wie das Saatkorn täglich die Sonne, den Boden und das Wasser braucht, braucht auch unsere Liebe täglich den Segen, die Gnade und die Liebe Gottes. Das ist das Gesetz des Lebens.

Das Leben vieler Menschen gleicht einem vertrockneten Zweig oder gar einem schon abgestorbenen Baum. In manchen Herzen hat der göttliche

Same nie Wurzeln gefaßt, weil er schon im Keim von der Sünde und dem Bösen erstickt wurde. Wer gegen die Sünde ankämpft, kämpft gleichzeitig für das Leben. Maria fordert uns als Mutter der Liebe und des Lebens auf, in Liebe zu wachsen. Wenn uns das gelingt, ist ihre Aufgabe erfüllt. Maria erwartet von uns, daß wir ihrer Aufforderung folgen, den göttlichen Segen erbitten, uns Seiner Gnade öffnen und nach Seinem Wort leben. Schon die Liebe zu sich selbst sollte uns das gebieten! Es ist noch nicht zu spät, Gott die Hand zum Bund zu reichen!

4. „Hört! Ein Sämann ging aufs Feld, um zu säen. Als er säte, fiel ein Teil der Körner auf den Weg, und die Vögel kamen und fraßen sie. Ein anderer Teil fiel auf felsigen Boden, wo es nur wenig Erde gab, und ging sofort auf, weil das Erdreich nicht tief war; als aber die Sonne hochstieg, wurde die Saat versengt und verdorrte, weil sie keine Wurzeln hatte. Wieder ein anderer Teil fiel in die Dornen, und die Dornen wuchsen und erstickten die Saat, und sie brachte keine Frucht. Ein anderer Teil schließlich fiel auf guten Boden und brachte Frucht; die Saat ging auf und wuchs empor und trug dreißigfach, ja sechzigfach und hundertfach. Und Jesus sprach: Wer Ohren hat zum Hören, der höre!" (Mk 4, 3—9)

Mit Liebe Verantwortung tragen

1. „Liebe Kinder! Ihr seid für die Botschaften verantwortlich. Hier ist die Gnadenquelle, und ihr, liebe Kinder, seid Gefäße, die die Geschenke überbringen. Daher, liebe Kinder, lade ich euch ein, daß ihr eure Arbeit in voller Verantwortung ausführt. Jeder wird nach eigenem Maß verantwortlich sein. Liebe Kinder, ich lade euch ein, die Gaben mit Liebe den anderen weiterzugeben und nicht nur für euch selbst zu behalten. — Danke, daß ihr meinem Ruf gefolgt seid!“ (8. 5. 1986)

2. Die Anwesenheit der Gottesmutter und ihre Botschaften sind ein großes Geschenk. Gott bringt Seine Liebe zu den Menschen und zur Welt heute dadurch zum Ausdruck, daß er uns Maria, Seine Mutter schickt. An welchen Orten Maria auch immer erscheint, eröffnen sich für die Kinder Gottes neue Quellen der Liebe, des Lebens, des Lichts und des Friedens. Es bilden sich neue Gemeinschaften, die Kirche wird erneuert und die Welt wird geheilt, weil sich die Menschen öffnen und Finsternis, Sünde und Tod aus ihren Leben entfliehen. Gott hat Seinem Volk im Laufe der Geschichte viele dieser Orte eröffnet. An diesen geheiligten Orten, die über die ganze Welt verstreut sind, finden Millionen Seiner Kinder die Erlösung, und heute geschieht das vor allem in Medjugorje. Unzählige Menschen haben ein neues Leben begon-

nen, sind geistig, aber auch psychisch und physisch gesundet, und die Zahl der Geheilten steigt immer noch. Die Sünde und das Böse haben dem Menschenherz Wunden zugefügt. Gott heilt durch Maria unsere Wunden.

3. Maria spricht von der Quelle der Gnade und vergleicht uns mit Gefäßen, die barmherzige Geschenke überbringen. Darum ist die Heilung der Seele und des Körpers, besonders aber des Geistes, nicht nur ein persönliches Geschenk, sondern es wird durch den Geheilten — wie durch ein Gefäß — an andere weiterverschenkt. Jedes Geschenk verpflichtet und kann nicht totgeschwiegen werden. Es würde unter den Händen zerrinnen, vergehen. Indem man sich verschenkt, wird das Geschenk nur noch größer und wertvoller. Die Gottesmutter sagt, daß wir dafür verantwortlich sind, daß die Botschaften und Aufträge mit Liebe weiterverbreitet werden. Aber nicht nur die anderen sollen erfahren, welche Gaben uns Gott zuteil werden ließ, auch wir sollten uns viel öfter daran erinnern. Indem wir Seine Gaben angenommen haben, leben wir, und indem wir leben, helfen wir den anderen, die Liebe Gottes zu begreifen. Es kann mit Freude behauptet werden, daß viele aus Medjugorje zurückgekehrte Pilger tatsächlich echte Apostel der Friedensbotschaft geworden sind. Sie haben Gebetsgemeinschaften gegründet, sich zu sozialen Hilfsorganisationen zusammenge-

schlossen, die sich besonders mit dem Schutz der Ungeborenen befassen, viele sind in den Ordensstand getreten und geben nun mit ihrem Leben Zeugenschaft darüber ab, daß ihnen durch die Gottesmutter Gnade zuteil geworden ist. Manche Menschen sind auch rein zufällig nach Medjugorje gekommen. Mit der Kirche hatten sie wenig im Sinn und sie wollten auch sicher nicht bekehrt werden. Trotzdem kehrten sie in ihre Heimatorte als Zeugen zurück und verwirrten damit die Menschen aus ihrem Umfeld. Eine Veränderung war in ihnen vorgegangen, und fortan verbreiteten sie den Geist des Gebets und des Friedens. Das gleiche würde sich die Gottesmutter von allen Pfarrmitgliedern, von allen Pilgern und von allen Christen wünschen.

4. „Wenn ich nämlich das Evangelium verkünde, kann ich mich deswegen nicht rühmen; denn ein Zwang liegt auf mir. Weh mir, wenn ich das Evangelium nicht verkünde! Wäre es mein freier Entschluß, so erhielte ich Lohn. Wenn es aber nicht freisteht, so ist es ein Auftrag, der mir anvertraut wurde." (Kor 9, 16—17)

Ich schenke Euch meine Liebe

1. „Liebe Kinder! Heute möchte ich euch meine Liebe geben. Ihr wißt nicht, liebe Kinder, wie groß meine Liebe ist, und ihr könnt sie nicht anneh-

men! Auf verschiedene Weise möchte ich sie euch zeigen, aber ihr, liebe Kinder, erkennt sie nicht. Ihr erfaßt meine Worte nicht mit dem Herzen, deshalb könnt ihr auch meine Liebe nicht verstehen. Liebe Kinder, nehmt mich in eurem Leben an, so werdet ihr alles annehmen können, was ich euch sage und wozu ich euch einlade. — Danke, daß ihr meinem Ruf gefolgt seid!" (22. 5. 1986)

2. Das schönste und größte aller Geschenke, welches man einem Menschen darbringen kann, ist die Liebe. Alles, was wir schenken oder was uns geschenkt wird, verliert in unseren Augen an Wert, wenn es nicht mit Liebe geschenkt wird. Wenn uns ein Mensch Liebe entgegenbringt, beginnt unser Herz zu glühen. Von welcher Freude müßte erst das Menschenherz erfaßt werden, wenn es die freudige Botschaft vernimmt, daß Gott ihm Seine Liebe schenkt! Maria, unsere Mutter, betont ausdrücklich, daß sie uns ihre Liebe schenken will. Die Liebe ist erfinderisch und sie findet Mittel und Wege, dem geliebten Wesen die Augen zu öffnen, damit es die Liebe erkennen und annehmen kann. Liebe will in erster Linie angenommen werden, denn nur dann kann sie sich voll entfalten.

3. Die Gottesmutter liebt ihre Kinder, und darum beklagt sie sich auch in dieser Botschaft. Die Menschen von heute, ihre Kinder, erkennen ihre Liebe nicht. Unser Herz ist verschlossen, die Augen sind blind und die Ohren taub. Wir sind nicht mehr

imstande, die Liebe anzunehmen. Die schreckliche Diagnose lautet: Geistiger Exitus. So groß die Liebe der Gottesmutter zu ihren Kindern ist, so groß ist auch ihre Trauer, solche Kinder zu haben. Wie schwer muß es doch für eine Mutter sein, von ihren eigenen Kindern nicht erkannt zu werden und vor verschlossenen Herzen zu stehen.

Der Mensch von heute befindet sich in einer eigenartigen Situation: Je weiter er sich von der Liebe entfernt, desto heißer sehnt er sich danach. Diese unerfüllte Sehnsucht bringt Enttäuschung, sie verschließt das Herz und macht den Menschen von Tag zu Tag unglücklicher. Es ist wie ein Teufelskreis, aus dem es für viele kein Entrinnen mehr gibt. Gott vergißt in Seiner Liebe die Welt nicht und bietet sich ihr durch Maria dar. Wir können nicht mehr tun, als darum zu beten, daß wir mit ganzem Herzen die Liebe Gottes und die Liebe der Gottesmutter erkennen und annehmen können. Dann werden wir auch ihre Botschaften und alles andere, das sie uns mit Liebe schenken will, annehmen können. Es ist tragisch, wenn Menschen, denen man seine Liebe schenken will, dafür blind sind. Diese Blindheit gleicht einer schweren Beleidigung, während uns Offenheit höchst beglückt!

4. „Er war in der Welt, und die Welt ist durch ihn geworden, aber die Welt erkannte ihn nicht. Er kam in sein Eigentum, aber die Seinen nahmen

ihn nicht auf. Allen aber, die ihn aufnahmen, gab er Macht, Kinder Gottes zu werden." (Joh 1, 10—12a)

Liebt mit innigster Liebe

1. „Liebe Kinder! Heute lade ich euch ein, in eurem Leben die Liebe gegenüber Gott und dem Nächsten zu leben. Ohne Liebe könnt ihr, liebe Kinder, nichts tun. Deshalb, liebe Kinder, lade ich euch ein, untereinander in Liebe zu leben. Nur so werdet ihr, liebe Kinder, mich und alle um euch, die in diese Pfarre kommen, lieben und annehmen können. Alle werden dann meine Liebe durch euch erfahren. Darum bitte ich euch, liebe Kinder: Fangt heute an zu lieben, mit innigster Liebe; mit jener Liebe, mit der ich euch liebe! — Danke, daß ihr meinem Ruf gefolgt seid!" (29. 5. 1986)

2. Das einmal ausgesprochene Wort entfaltet seine Wirkung. Mit einem Wort können wir Rat und Trost spenden, Mut zusprechen, Vertrauen ausdrücken und Vergebung erbitten. Es kann zu Recht behauptet werden, daß ich, du und jeder von uns Träger des Wortes ist. Je mehr das Wort unserem Handeln entspricht und je tiefer es in unserem Wesen verankert ist, desto näher sind wir dem Wort. Gott ist das Wort und das Wort ist Gott, denn das Wort drückt das Wesen Gottes aus. Auch

der Mensch ist das Wort, fraglich ist dabei nur, inwieweit der Mensch zu seinem Wort auch steht. Ein schönes Wort fördert das Schöne, aber es birgt auch eine Gefahr in sich. Wenn das schöne Wort nicht durch unser Verhalten und unsere Taten bestätigt wird, verwandelt es sich in ein zweischneidiges Schwert. Das gilt insbesondere für die Worte der Liebe. Wer von der Liebe spricht, ohne selbst zu lieben, verursacht Wunden, Enttäuschung, Auflehnung und verleitet sogar zu Gewaltakten. Wer aber liebt und von der Liebe spricht, verbreitet den Frieden.

3. Maria offenbart sich auch in dieser Botschaft als Mutter. Sie legt in unsere Hände den Schlüssel, mit dem alle Menschenherzen geöffnet werden können. Wenn wir diesen Schlüssel nicht verwenden, werden wir im Leben nichts verwirklichen können, wenden wir ihn aber an, liegt für uns alles im Bereich des Möglichen. Die Liebe folgt ihrem eigenen Gesetz, und das besagt, daß wir uns selbst und auch jeden unserer Mitmenschen lieben müssen. Wer seinen Nächsten nicht liebt, kann auch Gott und die Menschen, denen er begegnet, nicht lieben. Noch deutlicher ausgedrückt: Wer nicht den ersten Schritt tut, wird nicht den zweiten, geschweige den dritten Schritt tun können.

Die Liebe zu Gott hängt eng mit der zwischenmenschlichen Liebe zusammen. Wir können Gott lieben, indem wir unseren Nächsten lieben und unseren Nächsten können wir durch die Gnade der göttlichen Liebe lieben. Eben diese Liebe wünscht sich die Gottesmutter von uns. Sie weiß, daß die Pilger, ihre geliebten Kinder, nach Medjugorje kommen werden. Sie will die Pfarre dazu erziehen, daß sie den Pilgern mit jener Liebe begegnet, mit der auch sie der Pfarre begegnet. Wahrscheinlich können wir gar nicht ermessen, wie weit wir noch von der echten Liebe entfernt sind. Aber wir können beten. Geliebt zu werden ist eine große Gnade. Lieben können und die Liebe an andere weiterzugeben, ist ein großes Geschenk. Auch jene zu lieben, die die Liebe nicht annehmen wollen, ist die Aufgabe jedes Christen.

4. „Es ist nur recht, daß ich so über euch alle denke, weil ich euch ins Herz geschlossen habe. Denn ihr alle habt Anteil an der Gnade, die mir durch meine Gefangenschaft und die Verteidigung und Bekräftigung des Evangeliums gewährt ist. Gott ist mein Zeuge, wie ich mich nach euch allen sehne mit der herzlichen Liebe, die Jesus Christus zu euch hat. Und ich bete darum, daß eure Liebe immer noch reicher an Einsicht und Verständnis wird, damit ihr beurteilen könnt, worauf es ankommt. Dann werdet ihr rein und ohne Tadel sein für den Tag Christi, reich an der Frucht der Gerechtigkeit, die Jesus Christus gibt, zur Ehre und zum Lob Gottes." (Phil 1, 7—11)

Die Liebe besiegt die Sünde und alle Schwierigkeiten

1. „Liebe Kinder! Heute lade ich euch zur Heiligkeit ein. Ohne Heiligkeit könnt ihr nicht leben. Deshalb besiegt mit Liebe jede Sünde. Durch Liebe könnt ihr alle Schwierigkeiten überwinden, die auf euch zukommen. Liebe Kinder, ich bitte euch, lebt die Liebe (in euren Herzen). — Danke, daß ihr meinem Ruf gefolgt seid!“ (10. 7. 1986)

2. Die Sünde ist in unserem Leben und in unserer Welt Realität. Sie wirkt als dunkle, feindliche und zerstörerische Macht. Sie zu besiegen würde bedeuten, im eigenen Leben, im Leben der anderen, der Familie, der Gemeinschaft, der Gesellschaft und der Kirche kontinuierlich fortzuschreiten, ohne jemals Rückschläge erleiden zu müssen. Kein berechtigter Wunsch bliebe unerfüllt, kein Hilferuf würde mehr auf taube Ohren stoßen, keine Träne fiele mehr in das dunkle Tal der Hoffnungslosigkeit und keine Hoffnung bliebe unerfüllt.

Die Vertreter aller Weltanschauungen und Religionen stehen vor ein- und derselben Frage: Wie kann ein neuer, besserer Mensch geschaffen werden, eine glücklichere Familie und eine gerechtere Gesellschaft? Darüber wurde schon viel diskutiert, Lösungen wurden eingebracht, Antworten gefunden und Versprechungen gemacht. Die Welt versinkt indes von Tag zu Tag mehr und mehr in Schmerz und Qual, in Gewalt und Ungerechtigkeit, und niemand vermag zu sagen, wie lange es noch dauern soll, bis sich die Sehnsucht, die im Inneren jedes Menschen brennt, erfüllen wird.

3. Maria ist die Bestätigung des Versprechens, das Gott uns gegeben hat. Sie ist das Symbol einer besseren Welt. Auch sie berührt diese Frage und bietet uns darauf folgende Antwort: Durch die Liebe wird das Böse und die Sünde besiegt. Die Liebe treibt uns voran und sie heilt die Wunden, die uns die Sünde zugefügt hat. Es kann daher behauptet werden, daß die Liebe ein ständiges Entflammen für das Gute ist, wodurch dem Menschen die Kraft verliehen wird, gegen alle Schwierigkeiten anzukämpfen und sie zu besiegen, damit sich alles zum Guten wenden kann, wir das Heil erlangen und eine bessere Welt erschaffen wird. Die Liebe verleiht uns eine Kraft, die unsere menschliche Kraft bei weitem übersteigt. Die Liebe, die Gott in die Herzen der Menschen senkt, ist jene Kraft, die jeder einzelne heiß ersehnt, weil sie alle Krisen überwindbar macht. Wir müssen jeden Tag darum beten, daß sich alle Menschen dieser göttlichen Liebe öffnen, um durch sie erlöst zu werden. Wir Christen könnten der Welt ein großes Unrecht antun, wenn wir ihr die Liebe Gottes vorenthalten. Maria sagt: „Ich bitte euch, lebt die Liebe in euren Herzen."

4. „Deshalb umgürtet euch, und macht euch bereit! Seid nüchtern, und setzt eure Hoffnung ganz auf die Gnade, die euch bei der Offenbarung Jesu Christi geschenkt wird. Seid gehorsame Kinder, und laßt euch nicht mehr von euren Begierden treiben wie früher, in der Zeit eurer Unwissenheit. Wie er, der euch berufen hat, heilig ist, so soll auch euer ganzes Leben heilig werden. Denn es heißt in der Schrift: Seid heilig, denn ich bin heilig." (1 Petr 1, 13—16)

Durch die Liebe das Leben verwirklichen

1. „Liebe Kinder! Heute lade ich euch ein, nachzudenken, warum ich so lange bei euch bin. Ich bin die Mittlerin zwischen euch und Gott. Deshalb, liebe Kinder, rufe ich euch auf, aus Liebe immer das zu leben, was Gott von euch wünscht. Deshalb, liebe Kinder, lebt in Demut alle Botschaften, die ich euch gebe. — Danke, daß ihr meinem Ruf gefolgt seid!" (17. 7. 1986)

2. Das Leben ist ein Geschenk. Das gilt auch dann, wenn das eine oder andere Leben aus unserer Sicht sinnlos erscheinen mag. Gott, der Schöpfer, hat uns das Leben geschenkt. Er bestimmt in Seiner Weisheit den Lauf der Dinge und führt alles seiner Vollendung zu. Wir Menschen können nicht

den Gedankengang Gottes nachvollziehen und darum begreifen wir oft nicht den Sinn jeden Lebens, und es fällt uns schwer, in der Krankheit oder in körperlicher, seelischer oder geistiger Behinderung einen Sinn zu erkennen. Wir bemessen den Sinn des Lebens nach anderen Maßstäben. Jedoch allein die Tatsache, daß wir existieren und erschaffen wurden, verleiht unserem Leben und dem Leben jedes Menschen einen Sinn und auch die Möglichkeit, zur Vollendung zu gelangen.

3. Maria ruft uns und sie betont, daß jeder von uns in Gottes Plan eingebunden ist. Darum wünscht Gott, daß wir nach Seinem Wort leben. Der göttliche Plan ist tief in unserer Seele und in unserem Herzen verankert. Das fühlen wir und somit können wir ihn auch realisieren. Wer sich dem göttlichen Willen beugt, erlangt den Frieden. Maria hatte die freie Entscheidungswahl und sie entschied sich dafür, den Plan Gottes zu erfüllen. Sie weiß, daß auch wir uns dem göttlichen Plan beugen oder uns dagegen auflehnen können. Maria bleibt in der heutigen Zeit deshalb so lange bei uns, weil sie zwischen Gott und uns vermitteln und uns als Mutter helfen kann. Sie fordert von uns, demütig ihre Aufträge zu erfüllen, und voll Demut soll und muß auch der Mensch, das Geschöpf Gottes, vor Seinen Gott hintreten. Demut ist nicht mit Erniedrigung gleichzusetzen. Die Demut gebietet vielmehr, mit Gott, der durch uns

Seinen Plan verwirklichen will, zusammenzuwirken. Maria hat sich dem Plan Gottes unterworfen und dabei erkannt, wie wichtig es ist, diesem Plan zuzustimmen und auch zu glauben, daß Gott allmächtig ist. Wer sich dem Willen Gottes nicht in Demut fügt, widersetzt sich der göttlichen Vorsehung und entscheidet sich somit gegen den Geist. Er wird der Sünde, dem Leib und dem irdischen Besitz verhaftet bleiben. Für uns ist es immens wichtig, in Maria die Mittlerin zwischen Gott und dem Menschen zu sehen und wir müssen ihr dankbar sein, daß sie diese Rolle übernommen hat.

4. „Angesichts des Erbarmens Gottes ermahne ich euch, meine Brüder, euch selbst als lebendiges und heiliges Opfer darzubringen, das Gott gefällt; das ist für euch der wahre und angemessene Gottesdienst. Gleicht euch nicht dieser Welt an, sondern wandelt euch und erneuert euer Denken, damit ihr prüfen und erkennen könnt, was der Wille Gottes ist: was ihm gefällt, was gut und vollkommen ist." (Röm 12, 1—2)

Durch die Liebe alles zum Guten wenden

1. „Liebe Kinder! Der Haß erzeugt immer Spaltung und sieht niemanden und nichts. Ich rufe euch auf, immer Einigkeit und Frieden zu bewah-

ren! Liebe Kinder! Wirkt besonders mit der Liebe dort, wo ihr lebt! Das einzige Mittel sei euch immer die Liebe. Wendet durch die Liebe alles zum Guten, was der Satan vernichten oder an sich ziehen will! Nur so werdet ihr ganz mir gehören, und ich werde euch helfen können. — Danke, daß ihr meinem Ruf gefolgt seid!" (31. 7. 1986)

2. Es ist ein großes Versprechen, daß sich alles zum Guten wenden wird — alle Leiden, alle Qualen und alle Schmerzen. Der Mensch vernimmt diese Botschaft gern, verspricht sie doch die Lösung einer der ewigen Fragen, die die Menschheit quälen. Trotzdem werden wir uns mit der Tatsache abfinden müssen, daß das menschliche Gehirn nie hinter das Geheimnis des Bösen und des Leidens kommen wird. Alles zum Guten zu wenden heißt nicht unbedingt, auch alles begreifen zu müssen. Uns bleibt nur der Glaube, daß die Liebe jenes geheime Mittel ist, das alle Wunden, die der Haß zugefügt hat, heilen kann. Die Liebe ist die heilbringende Medizin, die das verzerrte Blickfeld wieder korrigiert und alle Menschen wieder richtig sehen läßt. So wie der Haß alles in Böses umwandelt, weil er zerstört und zersetzt, entzweit und blind macht, das Herz versteinert, die Hand zur eisernen Faust ballt und mit jedem Schritt alles niedertritt, heilt die Liebe wieder alle Wunden und wendet alles zum Guten.

3. Maria, der Mutter, liegt das Heil jedes einzelnen, jeder Familie und das Heil der ganzen Welt

am Herzen. Sie freut sich wie jede Mutter über den Erfolg ihrer Kinder, denn es ist auch ihr Erfolg. Genauso ist sie aber auch über jeden Mißerfolg und die Zerstörungswut, mit der ihre Kinder einander vernichten, betrübt. Sie ist die Frau, die in Sonnenlicht gehüllt, die Mondsichel unter ihren Füßen, in ständigem Widerstreit mit dem Satan, dem Urheber allen Hasses und aller Zwietracht, steht. Sie ruft uns daher auf, Eintracht und Frieden walten zu lassen, denn das wird uns zum Heil führen und zur Versöhnung. Die Liebe kann in diese Welt voll Krieg Frieden bringen, Gerechtigkeit in eine Welt voll Ungerechtigkeit, Barmherzigkeit in eine Welt voll Unbarmherzigkeit, Licht in eine Welt voll Finsternis und Leben in eine Welt voll Tod. Die Liebe muß in der Familie, am Arbeitsplatz, in der Schule, in der Gemeinschaft und in der Kirche walten und sie sollte jenes Werkzeug sein, mit der wir unsere Welt aufbauen. Maria betont das deutlich und sie ruft uns auf, sich im Umgang mit den Mitmenschen und der Umwelt keines anderen Werkzeuges zu bedienen, denn nur die Liebe führt uns zum Heil. Maria fordert uns auf, sich ihr völlig hinzugeben, ein Leben in Liebe zu führen und dem Satan und allen seinen Werken zu trotzen, um so der MUTTER würdig zu sein!

4. „So nimmt sich auch der Geist unserer Schwachheit an. Denn wir wissen nicht, worum wir in rechter Weise beten sollen; der Geist selber tritt jedoch

für uns ein mit Seufzen, das wir nicht in Worte fassen können. Und Gott, der die Herzen erforscht, weiß, was die Absicht des Geistes ist: Er tritt so, wie Gott es will, für die Heiligen ein. Wir wissen, daß Gott bei denen, die ihn lieben, alles zum Guten führt, bei denen, die nach seinem ewigen Plan berufen sind;" (Röm 8, 26—28)

Die grenzenlose Liebe erfahren

1. „Liebe Kinder! Ich bedanke mich für all die Liebe, die ihr mir erweist. Ihr wißt, liebe Kinder, daß ich euch grenzenlos liebe. Ich bitte Tag für Tag den Herrn, daß Er euch helfe, die Liebe zu erfahren, die ich euch erweise. Deshalb, liebe Kinder, betet, betet, betet! — Danke, daß ihr meinem Ruf gefolgt seid!" (21. 8. 1986)

2. Die Dankbarkeit ist eine besondere Tugend. Wer danken kann, nimmt den Mitmenschen an und akzeptiert seinen Wert für andere. Durch die Dankbarkeit werden zwischenmenschliche Beziehungen aufgebaut und gefestigt und abgebrochene Brücken neu aufgebaut. Das Wort „Danke" beglückt gleichermaßen den, der es ausspricht und den, an den es gerichtet ist. Wenn wir einem Menschen für einen konkret erwiesenen Dienst danken, wird dieser beglückt sein. Ein noch größeres Glücksgefühl wird er aber empfinden, wenn wir

ihm nicht nur für die erwiesene „Leistung“ danken, sondern schon allein dafür, daß er überhaupt existiert. Wir sollten also nicht nur für das Getane danken, sondern auch für die Existenz und die Hingabe dieses Menschen. Wenn wir uns über die Existenz der anderen freuen und dafür zu danken beginnen und andere sich über unsere Existenz freuen und dafür danken, so wird unser Leben von Freude und Frieden erfüllt sein. Wir werden das gleiche Glück empfinden wie eine Mutter, die freudig ihr Kind empfängt.

3. Die Gottesmutter dankt uns für die erwiesene Liebe und schafft damit die Basis für unser Glück und unseren Frieden. Sie liebt uns mit einer Liebe, dessen Ausmaß die Grenzen des menschlichen Vorstellungsvermögens bei weitem übersteigt. Wer mit dem Herzen erkennt, daß er geliebt wird, dem eröffnet sich der Weg zum größten Glück und er findet das Paradies schon auf Erden. Im Paradies zu sein heißt eigentlich nichts anderes, als zu lieben und geliebt zu werden, sich an den Mitmenschen zu erfreuen und für ihre Existenz dankbar zu sein.
Die Gottesmutter will unser Glück und sie will uns zum Glücklichsein erziehen. Wir dürfen nicht erwarten, daß uns das Glück wie eine reife Frucht in den Schoß fällt, sondern müssen selbst etwas dafür tun. Die Gottesmutter bittet Gott, uns Seine bedingungslose Liebe, die Er durch sie offenbart, begreiflich zu machen. Uns bittet die Gottesmut-

ter in eindringlicher Weise, darum zu beten, daß dies geschehe.

4. „Wir danken Gott für euch alle, sooft wir in unseren Gebeten an euch denken: unablässig erinnern wir uns vor Gott, unserem Vater, an das Werk eures Glaubens, an die Opferbereitschaft eurer Liebe und an die Standhaftigkeit eurer Hoffnung auf Jesus Christus, unseren Herrn. Wir wissen, von Gott geliebte Brüder, daß ihr erwählt seid. Denn wir haben euch das Evangelium nicht nur mit den Worten verkündet, sondern auch mit Macht und mit dem Heiligen Geist und mit voller Gewißheit." (1 Thess 1, 2—5a)

Das Leiden mit Liebe annehmen

1. „Liebe Kinder! Während ihr in diesen Tagen voll Freude das Kreuz verehrt, wünsche ich euch, daß auch euer Kreuz euch zur Freude werde. Liebe Kinder, betet besonders, daß ihr Krankheit und Leiden mit Liebe annehmen könnt, wie sie auch Jesus angenommen hat. Nur so werde ich euch mit Freude die Gnaden und die Heilungen schenken können, die mir Jesus erlaubt. — Danke, daß ihr meinem Ruf gefolgt seid!" (11. 9. 1986)

2. Wir werden nie das Geheimnis des Leidens ergründen, selbst wenn wir das Kreuz Christi vor Augen haben. Wir loben und besingen das Kreuz,

aber es wird für uns doch ein ewiges Fragezeichen bleiben. Das Kreuz Christi symbolisiert mit seinem Mysterium für den wahren Christen den Sieg, für jeden anderen nur Schmach und Schande. Schmerz und Pein sind ein Kreuz, das bewirkt, daß sich der Mensch vor Gott verschließt und sich von Ihm entfernt, und der leidende Mensch fragt sich: „Warum nur, o Gott?“ Es ist aber auch erwiesen, daß das eigene Leid oder das Leid in der Familie zu neuem Glauben, zu neuer Liebe und neuer Hoffnung geführt hat. Auch Jesus hat im Garten Gethsemane diese Frage gestellt und keine Antwort erhalten. Ein Engel hat Ihm Mut zugesprochen, sobald Er sich dem Willen Gottes gebeugt hatte. Wir können Gott fragen: „Wo bist Du?“ aber wir sollten auch an uns selbst, an die Familie, die Kirche und die ganze Menschheit die Frage stellen: „Wo sind wir?“ Wieviel Leid wird doch dadurch verursacht, daß die Menschen nicht zur Umkehr, zur Liebe, zur Vergebung und zur Versöhnung bereit sind! Die Folgen sind Krieg, Zerstörung und weiteres Leid. Unschuldige sind Leid und Qual ausgesetzt, viele Menschen leiden für andere und manche leiden, weil sie nicht lieben oder weil sie eben lieben.

3. Maria hat den Mut, von uns zu fordern, unser Kreuz mit Liebe zu tragen. Als Vorbild stellt sie uns ihren Sohn hin, von dem sie weiß, wie er gelitten und die Qualen ertragen hat. Maria sagt nicht:

„Tragt das Kreuz", denn sie weiß, daß wir nur schwach sind. Statt dessen sagt sie: „Betet darum, Krankheit und Leid mit Liebe annehmen zu können." Damit zeigt sie uns eine Möglichkeit, unser Kreuz zu tragen. Wir beten normalerweise darum, daß der Herr das Leid und das Kreuz von uns abwenden möge — und das ist auch verständlich. Dennoch sollten wir auch darum beten, daß wir das Kreuz und das Leid mit Liebe annehmen können. Angesichts des Kreuzes Christi hat das Leid einen wichtigen Stellenwert. Es ist nicht mehr länger ein Fluch und ein Ärgernis, sondern es öffnet uns den Weg zum Leben.

4. „Ich bin überzeugt, daß die Leiden der gegenwärtigen Zeit nichts bedeuten im Vergleich zur Herrlichkeit, die an uns offenbar werden soll. Denn die ganze Schöpfung wartet sehnsüchtig auf das Offenbarwerden der Söhne Gottes. Die Schöpfung ist der Vergänglichkeit unterworfen, nicht aus eigenem Willen, sondern durch den, der sie unterworfen hat; aber zugleich gab er ihr Hoffnung: Auch die Schöpfung soll von der Sklaverei und Verlorenheit befreit werden zur Freiheit und Herrlichkeit der Kinder Gottes." (Röm 8, 18—21)

Weiht Euch dem Gebet mit besonderer Liebe

1. „Liebe Kinder! Auch heute rufe ich euch zum Beten auf. Ihr, liebe Kinder, könnt nicht begreifen, wie wertvoll das Gebet ist, solange ihr selber nicht sagt: ‚Jetzt ist die Zeit zum Beten! Jetzt ist mir nichts anderes wichtig, jetzt ist für mich niemand anderer wichtig außer Gott.' Liebe Kinder, weiht euch dem Gebet mit besonderer Liebe, denn so wird euch Gott mit Gnaden beschenken können! — Danke, daß ihr meinem Ruf gefolgt seid!" (2. 10. 1986)

2. Das Gebet ist Ausdruck unserer Beziehung zu Gott. Wer Probleme mit dem Beten hat oder wer gar aufgehört hat zu beten, hat eine problematische Beziehung zu Gott. Wer aber Gott liebt, dem fällt das Beten leicht und er wird immer öfter beten und entschlossen sein, mit Liebe zu beten. Je mehr wir uns Gott im Gebet nähern, desto mehr werden wir Ihn auch lieben, und wir werden noch mehr Zeit für das Gebet aufbringen. Das ganze Leben wird ein einziges Gebet werden. Es wird uns leicht fallen, Zeit, einen Ort und Menschen, die mit uns beten, zu finden, und wir werden wissen, wie wir beten sollen. Es wird immer von der Situation abhängen, wie gebetet werden soll, aber jedes Gebet hat seinen eigenen Wert, und jede Art des Betens drückt die Liebe zu Gott aus.

3. Wie soll man aber mit dem Beten anfangen und wie lange wird es dauern, bis man aus Liebe beten kann? Der Wunsch nach Gott und dem Gebet ist in der Tiefe jedes Menschenherzens verankert. Dieser Wunsch ist uns eingepflanzt wie ein Samenkorn, das man hegen und pflegen muß, damit es wachsen und gedeihen kann. Die Erziehung zum Gebet müßte so selbstverständlich sein wie das Erlernen der Muttersprache. Heute ist das leider oft nicht der Fall, und so wählt Gott besondere Menschen, Gemeinschaften und Orte aus, um in den Herzen dieser Menschen und an diesen Orten das Bedürfnis nach dem Gebet zu intensivieren. Heute ist dieser Ort für viele Medjugorje, wo die Königin des Friedens erscheint. Die Auserwählten, die den Geist des Gebets weitertragen, sind die Seher. Die auserwählten Stätten sind der Erscheinungsberg, der Križevac und die Kirche des Dorfes. Der erwachte Wunsch nach Gott muß auch in die Tat umgesetzt werden. Darum muß sich der Mensch mit Liebe für das Gebet entscheiden, und noch bevor er zu beten beginnt, alle Gedanken an seine Arbeit oder die ihn umgebenden Menschen bewußt ausschalten. Er sollte das Telefon ausschalten und den Fernseher abstellen und sich dann einen stillen Winkel suchen, in dem er beten kann. Die ungestörte Atmosphäre wird dazu beitragen, Gott immer näher zu kommen. Oft lenken uns gewisse Dinge, Menschen oder Ereignisse vom Beten ab. Maria, der unser geistiges Leben am

Herzen liegt, verlangt von uns, daß wir uns konkret und auf Dauer für das Gebet entscheiden, denn nur so wird der Erfolg unseres Betens auch garantiert sein.

4. „Macht euch also keine Sorgen und fragt nicht: Was sollen wir essen? Was sollen wir trinken? Was sollen wir anziehen? Denn um all das geht es den Heiden. Euer himmlischer Vater weiß, daß ihr das alles braucht. Euch aber muß es zuerst um sein Reich und um seine Gerechtigkeit gehen; dann wird euch alles andere dazugegeben. Sorgt euch also nicht um morgen; denn der morgige Tag wird für sich selbst sorgen. Jeder Tag hat genug eigene Plage." (Mt 6, 31—34)

Heilig aus freiem Willen und aus Liebe

1. „Liebe Kinder! Ihr wißt, daß ich euch auf dem Weg der Heiligkeit führen möchte, aber ich will euch nicht zwingen, heilig zu werden. Ich möchte, daß jeder von euch durch seine kleinen Entsagungen sich selbst und mir hilft, daß ich euch führen kann und daß ihr von Tag zu Tag der Heiligkeit näher seid. — Deshalb, liebe Kinder, will ich euch auch nicht zwingen, die Botschaften zu leben. Diese lange Zeit, die ich bei euch bin, ist ein Zeichen, daß ich euch unermeßlich liebe und daß ich von jedem einzelnen wünsche, daß er heilig wird.

— Danke, daß ihr meinem Ruf gefolgt seid!“ (9. 10. 1986)

2. Der Mensch glaubt nicht nur mit dem Verstand, sondern auch mit dem Herzen. Die Liebe wird im Herzen geboren und greift erst dann auf den Verstand über. Niemand kann zur Liebe und zum Glauben gezwungen werden, aber jeder muß an etwas glauben, um leben zu können und jeder muß geliebt werden, um überleben zu können. Die Möglichkeit, frei entscheiden zu können, ist ein Geschenk Gottes. Indem Er uns die Willensfreiheit geschenkt hat, hat Er Seine Allmacht beschränkt und sie von unserer Entscheidungswahl abhängig gemacht. Wer sich aus freiem Willen für den Glauben und die Liebe entscheidet, geht den Weg der Heiligkeit. Heiligkeit bedeutet zuerst die innere, geistige Loslösung von der Sünde und ihren Folgen und dann die stete Annäherung an das Bild Gottes. Wer Gottes Plan, den Er tief in jedes Menschenherz eingeprägt hat, zu erfüllen versucht, wird heilig. Der Mensch kann sich diesem Plan auch widersetzen, was jedoch den Abbruch seiner geistigen Entwicklung zur Folge haben wird. Er wird sich dadurch selbst großen Schaden zufügen und viel Böses heraufbeschwören. Es wäre die natürlichste Sache der Welt, daß der Mensch dem Aufruf Gottes Folge leistet. Warum es so mancher dennoch nicht tut, wird wohl ein ewiges Rätsel bleiben.

3. Maria ist heilig. Durch die Kraft der Gnade hat Maria, die ohne Sünde und voll der Gnade ist, die höchste Heiligkeit erreicht, denn sie hat ihr Leben vollkommen dem Willen Gottes unterworfen. Sie will, daß wir uns innerlich von der Sünde befreien, denn damit tun wir den ersten Schritt zur Heiligkeit. Für den Anfang genügen der kleine Verzicht, das kleine Opfer und die kleine Entsagung, damit man sich später mit großen Schritten der Liebe Gottes nähern kann. Die göttliche Liebe treibt den Menschen auf seinem Weg zur Heiligkeit voran, und Heiligkeit bedeutet, sich Gott zu nähern. Maria bleibt bei uns, weil sie uns liebt. Sie will von uns nichts erzwingen, denn ihre Liebe will aus uns keine Sklaven, sondern Menschen, die freien Willens sind, machen. Sie überläßt uns die Entscheidung, ob wir ihr antworten wollen. Sie leidet, wenn wir es nicht tun, ebenso wie auch wir leiden, wenn unser Rufen ungehört verhallt. Es liegt an uns, täglich darum zu beten, die Heiligkeit zu erlangen. Während uns Maria aufruft, Entsagung zu üben und den Weg der Heiligkeit einzuschlagen, betont sie ausdrücklich, daß sie nichts erzwingen will, und bringt somit zum Ausdruck, daß sie unseren freien Willen respektiert. Möge der Ruf ihrer unermeßlichen Liebe möglichst viele Herzen erreichen, die bereit sind, ihr zu antworten.

4. „Darum setzt allen Eifer daran, mit eurem Glauben die Tugend zu verbinden, mit der Tugend die

Erkenntnis, mit der Erkenntnis die Selbstbeherrschung, mit der Selbstbeherrschung die Ausdauer, mit der Ausdauer die Frömmigkeit, mit der Frömmigkeit die Brüderlichkeit und mit der Brüderlichkeit die Liebe. Wenn dies alles bei euch vorhanden ist und wächst, dann nimmt es euch die Trägheit und Unfruchtbarkeit, so daß ihr Jesus Christus, unseren Herrn, immer tiefer erkennt. Wem dies aber fehlt, der ist blind und kurzsichtig; er hat vergessen, daß er gereinigt worden ist von seinen früheren Sünden." (2 Petr 1, 5—9)

Die Hilfe mit Liebe annehmen

1. „Liebe Kinder! Auch heute lade ich euch ein, die Botschaften, die ich euch gebe, ernsthaft anzunehmen und sie zu leben. Liebe Kinder! Euretwegen bin ich so lange geblieben, damit ich euch helfe, die Botschaften, die ich euch gebe, zu verwirklichen. Deshalb, liebe Kinder, lebt aus Liebe zu mir alle Botschaften! — Danke, daß ihr meinem Ruf gefolgt seid!" (30. 10. 1986)

2. Die einfachen, mütterlichen Botschaften, mit denen sich die Gottesmutter an uns wendet, haben Evangeliumscharakter. Alles, was sich um diese Botschaften rankt sowie auch jede einzelne Botschaft selbst ist ein klarer Beweis für die mütterliche Liebe und die Weisheit Mariens. Für alle jene,

die an ihr Erscheinen in Medjugorje glauben, ist ausschlaggebend: Maria, die Mutter ist anwesend und sie ruft uns. Vielen war das anfangs vielleicht gar nicht richtig bewußt, und manche wollten es vielleicht auch nicht zugeben, aber das war sicher der erste Beweggrund, der so viele Pilger an diesen Ort strömen ließ. Niemand kommt nach Medjugorje, nur weil dort der Rosenkranz gebetet wird. Die Menschen pilgern nach Medjugorje, weil sie sich überzeugen wollen oder auch bereits überzeugt sind, daß an diesem Ort die Gottesmutter erscheint. In Medjugorje wird ihnen aufgetragen, sich zu versöhnen, umzukehren, zu beten, zu fasten, zu glauben, die heilige Messe mit Liebe zu feiern, monatlich zur Beichte zu gehen, die Heilige Schrift zu lesen, heilig zu werden, sich Gott hinzugeben, einander innig zu lieben und Zeugen der Liebe Christi zu werden.

3. Die Gottesmutter fordert, daß ihre Botschaften ernsthaft angenommen und gelebt werden. Sie gibt uns die Botschaften im Namen Gottes und sie will uns helfen, sie zu verwirklichen. Das beantwortet auch die häufige Frage, warum denn die Erscheinungen so lange Zeit andauern. Die Liebe der Gottesmutter hat bei vielen einen Prozeß der Läuterung in Gang gesetzt und sie für die Liebe Gottes offen gemacht. Viele verspürten den Wunsch, ein neues Leben zu beginnen. Die Liebe einer Mutter und die Liebe zur Mutter ist die trei-

bende Kraft, die die ganze Welt verändern kann. Würden die Menschen mehr ihrer liebenden Mutter gedenken, würde auf der Welt Friede einkehren. Von der liebenden Mutter hängt das Glück und der Friede in der Familie ab. Aber auch die Kirche und die ganze Welt bedürfen der Mutter. Je mehr sich der einzelne, die Familie, die Kirche und die Welt der mütterlichen Liebe Mariens öffnet und ihr Raum läßt, desto eher wird auf der Welt Friede herrschen. Nur die mütterliche Liebe kann bewirken, daß Freude, Friede, Gerechtigkeit und Liebe herrscht. Mütterliche Liebe ist aber nicht nur das Privileg einer Frau, die ein Kind geboren hat, mütterliche Liebe können alle Menschen ausstrahlen, die in ihrem Leben, in ihren Worten und Taten Liebe walten lassen und für die menschliche Freiheit und Würde einstehen. Wie schön wäre doch unsere Welt, würde einer den anderen achten und mit mütterlicher Liebe annehmen! Das zu realisieren, sollte unser Ziel sein!

4. „Das ist mein Gebot: Liebt einander, so wie ich euch geliebt habe. Es gibt keine größere Liebe, als wenn einer sein Leben für seine Freunde hingibt. Ihr seid meine Freunde, wenn ihr tut, was ich euch auftrage. Ich nenne euch nicht mehr Knechte; denn der Knecht weiß nicht, was sein Herr tut. Vielmehr habe ich euch Freunde genannt; denn ich habe euch alles mitgeteilt, was ich von meinem Vater gehört habe. Nicht ihr habt mich erwählt,

sondern ich habe euch erwählt und dazu bestimmt, daß ihr euch aufmacht und Frucht bringt und daß eure Frucht bleibt. Dann wird euch der Vater alles geben, um was ihr ihn in meinem Namen bittet. Dies trage ich euch auf: Liebt einander!" (Joh 15, 12—17)

Durch das Gebet zur Liebe Gottes gelangen

1. „Liebe Kinder! Heute möchte ich euch einladen, daß ihr Tag für Tag für die Armen Seelen im Fegefeuer betet. Jede Seele braucht das Gebet und die Gnade, um zu Gott und Seiner Liebe zu gelangen. Dadurch gewinnt auch ihr, liebe Kinder, neue Fürsprecher, die euch im Leben helfen werden zu begreifen, daß die irdischen Dinge für euch nicht wichtig sind, sondern allein der Himmel, nach dem ihr euch sehnen sollt. Deshalb, liebe Kinder, betet ohne Unterlaß, um euch und auch anderen helfen zu können, denen dieses Gebet Freude bringen wird. — Danke, daß ihr meinem Ruf gefolgt seid!" (6. 11. 1986)

2. Das Gebet drückt die Liebe zu Gott aus. Wer betet, liebt Gott. Das Gebet drückt die tiefe Sehnsucht nach Gott aus und auch den Wunsch, dem geliebten Vater nahe zu sein. Gebet bedeutet Gespräch, Gemeinsamkeit und Begegnung. Es be-

deutet jedoch auch Fürsprache und Hilfe. Wir Christen können für andere beten und für sie bitten, so wie auch Maria für uns bittet. Die christlichen Bande sind durch den Glauben und die Sakramente viel fester als die verwandtschaftlichen Bande. Durch unser Gebet können wir dazu beitragen, daß auch anderen die Liebe Gottes zuteil wird.

3. Wir, die lebenden Mitglieder der Kirche, können durch unser Gebet und unser Opfer den Armen Seelen im Fegefeuer helfen. Sie können sich selbst nicht mehr helfen, aber sie können sich für die Lebenden verwenden. So wird durch das Gebet ein starkes Band zwischen den lebenden und den verstorbenen, leidenden Christen geflochten. Aus dem Gebet erwächst Freundschaft, Gemeinschaft und gegenseitige Hilfe. Maria ist die Mutter der Kirche. Sie ist sowohl Mutter der glorreichen Kirche, als auch der leidenden Kirche. Sie ist auch Mutter der Menschen, die ihren irdischen Weg noch zu Ende gehen müssen. Sie erzieht ihre Kinder zum Zusammenleben und zur Hilfsbereitschaft. In der letzten Zeit ist das Gefühl der Zusammengehörigkeit immer mehr verlorengegangen, aber Maria versucht es wieder zu festigen. Indem wir heute lebenden Christen den Armen Seelen durch unser Gebet und unser Opfer dazu verhelfen, in den Himmel zu kommen, werden wir nicht nur neue Helfer und Freunde finden, son-

dern auch neue Lehrer, die uns lehren zu begreifen, daß irdische Dinge unwichtig, und nur der Himmel und das ewige Leben wichtig sind. Es gibt keine schönere Aufgabe, als anderen zu helfen, der Liebe Gottes näherzukommen. Seine Liebe macht uns zu glücklichen, zufriedenen und friedlichen Menschen. Maria ruft uns auf, mit Liebe für die Armen Seelen im Fegefeuer zu beten. Sie richtete diesen Appell knapp nach Allerheiligen und Allerseelen an uns. Wir sollten ihre mütterlichen Worte befolgen! Indem wir den anderen helfen, die Liebe Gottes zu erlangen, sichern auch wir uns den Zugang zu dieser Liebe.

4. „Doch was mir damals ein Gewinn war, das habe ich um Christi Willen als Verlust erkannt. Ja noch mehr: Ich sehe alles als Verlust an, weil die Erkenntnis Christi Jesu, meines Herrn, alles übertrifft. Seinetwegen habe ich alles aufgegeben und halte es für Unrat, um Christus zu gewinnen und in ihm zu sein. Nicht meine eigene Gerechtigkeit suche ich, die aus dem Gesetz hervorgeht, sondern jene, die durch den Glauben an Christus kommt, die Gerechtigkeit, die Gott aufgrund des Glaubens schenkt. Christus will ich erkennen und die Macht seiner Auferstehung und die Gemeinschaft mit seinen Leiden; sein Tod soll mich prägen. So hoffe ich, auch zur Auferstehung von den Toten zu gelangen." (Phil 3, 7—11)

Nicht die menschliche, sondern die göttliche Liebe

1. „Liebe Kinder! Auch heute rufe ich euch auf, alle Botschaften, die ich euch gebe, mit besonderer Liebe zu leben und zu verwirklichen. Liebe Kinder, Gott will nicht, daß ihr lau und unentschlossen seid, sondern daß ihr euch ganz Ihm hingebt. Ihr wißt, daß ich euch liebe und daß ich aus Liebe für euch brenne. Deshalb, liebe Kinder, entscheidet auch ihr euch für die Liebe, damit auch ihr brennt und Tag für Tag die Liebe Gottes erkennt. Liebe Kinder, entscheidet euch für die Liebe, damit sie in euch allen vorherrscht, aber nicht die menschliche Liebe, sondern die Liebe Gottes. — Danke, daß ihr meinem Ruf gefolgt seid!“ (20. 11. 1986)

2. Der Mensch muß sich für die Liebe frei entscheiden, und er wird in der Hingabe an Gott in der Liebe wachsen. Obwohl die Liebe eine Gnade und ein Geschenk Gottes ist, muß der Mensch bewußt diese Gnade erbitten. Wer sich für die Liebe entscheidet, wird das geliebte Wesen immer besser erkennen und begreifen und dafür entflammen. Das Problem der menschlichen „Liebe“ liegt heute darin, daß die Hingabefähigkeit und die Bereitschaft, für den anderen dazusein, abflaut und die Flamme der Liebe erlischt. Während sich das Feuer der menschlichen Liebe verzehrt, brennt

das Feuer der göttlichen Liebe und der Liebe Mariens für uns unvermindert weiter. Aus diesem Grunde dürfen wir dieser, uns dargebrachten Liebe nicht mit Lauheit und Unentschlossenheit begegnen. Wer lau und unentschlossen ist, bleibt auf halber Strecke liegen, denn er verschenkt sich nur ansatzweise und halbherzig. Es ist eines Menschen, eines Geschöpfes Gottes, unwürdig, sein Herz an Dinge und Personen zu hängen, so daß für die Liebe zu Gott weder Zeit noch Raum bleibt. Wir dürfen nicht zulassen, daß unsere Liebe zu Personen oder Dingen stärker wird als die Liebe zu Gott.

3. Maria weist uns in dieser Botschaft mit mütterlicher Liebe darauf hin, wie wichtig es ist, sich für die richtige Liebe zu entscheiden. Die göttliche Liebe steht nicht im Widerpart zur menschlichen Liebe, sondern garantiert im Grunde nur die menschliche Liebe. Sie bildet die Basis für die menschliche Liebe und verleiht dieser erst ihren Sinn. Menschliche Liebe, die ihre Wurzeln nicht in der göttlichen Liebe sieht, wird nur allzu leicht zum Hemmfaktor für die göttliche Liebe. Maria betont auch, daß wir allen Versuchungen, denen unsere Liebe täglich ausgesetzt ist, widerstehen sollen, und wir werden als Sieger hervorgehen, Gott von Tag zu Tag mehr lieben und unsere Liebe zu den Mitmenschen wird wachsen.

Es taucht unweigerlich die Frage auf: Warum entscheidet sich der Mensch so leichtfertig gegen die Liebe, die doch die Basis seines Lebens bildet, um sich für eine Liebe zu entscheiden, die sein Leben doch nur zerstört? Hier läßt sich wohl die Wurzel der Sünde erahnen und es erklärt, wie wichtig es ist, zum Heiligen Geist zu beten, um die Wahrheit zu erkennen und sich unumstößlich für die Wahrheit zu entscheiden.

4. „Seit dem Tag, an dem wir davon erfahren haben, hören wir nicht auf, inständig für euch zu beten, daß ihr in aller Weisheit und Einsicht, die der Geist schenkt, den Willen des Herrn ganz erkennt. Denn ihr sollt ein Leben führen, das des Herrn würdig ist und in allem seinen Gefallen findet. Ihr sollt Frucht bringen in jeder Art von guten Werken und wachsen in der Erkenntnis Gottes. Er gebe euch in der Macht seiner Herrlichkeit viel Kraft, damit ihr in allem Geduld und Ausdauer habt." (Kol 1, 9—11)

Die Liebe strebt nach ewiger Gemeinsamkeit

1. „Liebe Kinder! Auch heute rufe ich euch auf, mir euer Leben in Liebe zu weihen, damit ich euch mit Liebe führen kann. Liebe Kinder, ich liebe euch mit besonderer Liebe, und ich möchte euch alle zu Gott in den Himmel führen. Ich wünsche,

daß ihr begreift, daß das irdische Leben im Vergleich zum ewigen Leben sehr kurz ist. Deshalb, liebe Kinder, entscheidet euch heute erneut für Gott. Nur so werde ich euch zeigen können, wie sehr ich euch liebe und wie sehr ich wünsche, daß ihr alle gerettet werdet und mit mir im Himmel seid. — Danke, daß ihr meinem Ruf gefolgt seid!" (27. 11. 1986)

2. Das oberste Gebot in der Erziehung und im Umgang mit den Menschen heißt: Liebe. Diese goldene Regel kann in der Familie, der Schule oder der Gemeinschaft durch keine andere Regel ersetzt werden. Klammert man die Liebe aus, erweist sich jedes Gebot nur als leere Worthülse. Das Gebot wird zwar unter Zwang befolgt werden, den erwünschten Erfolg wird es jedoch nicht erbringen. Die Liebe hat ihre eigenen Regeln und Gesetze, die ihr erst ihren wahren Sinn verleihen. Jeder Erzieher muß sich seinem Zögling weihen, so wie sich auch der Zögling seinem Erzieher weihen muß. Weihen heißt in diesem Fall, einander in Liebe anzunehmen und einander ewige Treue zu schwören. Es heiß aber auch, die angediehene Erziehung als Geschenk zu betrachten.

3. Maria fordert uns auf, ihr unser Leben zu weihen, damit sie uns ihre Liebe schenken kann. Wir können nur von dem geführt werden, der uns liebt, den wir lieben und zu dem wir Vertrauen haben. Seinen Forderungen werden wir uns kaum

widersetzen und etwaiger Widerstand wird rasch abgeebbt sein. Es ist ein wahres Glück, daß die Liebe des Kindes zu seinen Eltern und seinen Angehörigen wächst, ohne daß es das Kind bewußt will, wenn auch nicht vergessen werden darf, daß Eltern und Angehörige die Entfaltung dieser Liebe behindern können. Umgekehrt konzentriert sich im Normalfall die Liebe der Eltern auf ihr Kind. Eine Mutter schließt ihr Kind schon bei der Empfängnis ins Herz und erwartet es voll Freude. Natürlich kann es auch vorkommen, daß eine Mutter ihr Kind ablehnt, aber das sind Ausnahmefälle, verursacht durch den Druck des Gatten, des Freundes oder des Umfeldes. Gott hat uns die Liebe geschenkt, auf der unser Zusammenleben basieren soll, und Liebe ist auch das Grundgebot jeder Erziehung.

Maria liebt uns, und mit ihrer Liebe will sie uns zur höchsten Liebe, zu Gott, führen. Zu wissen, daß Gott uns liebt, bietet die beste Startbedingung für unser Leben, und Seine Liebe wird uns schließlich in den Himmel führen. Wo die Liebe herrscht, dort ist der Himmel, und der Himmel ist ein ewiges Beisammensein in Liebe mit Gott und den Mitmenschen.

4. „Strebe unermüdlich nach Gerechtigkeit, Frömmigkeit, Glauben, Liebe, Standhaftigkeit und Sanftmut. Kämpfe den guten Kampf des Glaubens, ergreife das ewige Leben, zu dem du berufen

worden bist und für das du vor vielen Zeugen das gute Bekenntnis abgelegt hast. Ich gebiete dir bei Gott, von dem alles Leben kommt, und bei Christus Jesus, der vor Pontius Pilatus das gute Bekenntnis abgelegt hat und als Zeuge dafür eingetreten ist: Erfülle deinen Auftrag rein und ohne Tadel, bis zum Erscheinen Jesu Christi, unseres Herrn, das zur vorherbestimmten Zeit herbeiführen wird der selige und einzige Herrscher, der König der Könige und Herr der Herren, ... " (1 Tim 6, 11b—15)

Aus Liebe zu Gott und zu Euch

1. „Liebe Kinder! Heute möchte ich euch einladen, im neuen Jahr die Botschaften, die ich euch gebe, zu leben. Liebe Kinder! Ihr wißt, daß ich euretwegen so lange geblieben bin, um euch zu lehren, wie ihr auf dem Weg der Heiligkeit fortschreiten sollt. Deshalb, liebe Kinder, betet ohne Unterlaß und lebt alle Botschaften, die ich euch gebe, denn das tue ich aus großer Liebe zu Gott und zu euch. — Danke, daß ihr meinem Ruf gefolgt seid!" (1. 1. 1987)

2. Der Beginn eines neuen Zeitabschnittes: Das Neue Jahr — der Feiertag der Mutterschaft der seligen Jungfrau Maria, die uns als kluge und besonnene Lehrerin ruft. Sie betrachtet ihre Schütz-

linge als Geschenk und nutzt die Gunst der Stunde für neue Impulse. Maria hat uns schon viele Botschaften gegeben, aber wenn wir Menschen diese Botschaften nicht leben, wird sich auf der Welt nichts ändern. Wir haben auf Erden nur eine bestimmte Zeitspanne zu leben, ein weiteres Leben auf Erden wird es für uns nicht geben und jeder Tag kann unser letzter sein. Jeder gelebte Tag ist unwiderruflich vorbei und bedeutet einen Schritt weiter zu unserem Tod bzw. zur Ewigkeit. Der Weg, der vor uns Menschen, den Kindern Mariens, liegt, ist der Weg der Heiligkeit. Auch Maria ist diesen Weg gegangen. Sie war frei von jeder Sünde und erfüllt von immer größer werdender Liebe. Maria führt auch uns auf den Weg der Heiligkeit, der mit dem Weg der Läuterung beginnt. Indem wir uns von der Sünde befreien, bereiten wir uns auf die Heiligkeit vor. Wenn wir das Böse und die Finsternis hinter uns lassen, eröffnet sich uns der Weg des Guten und des Lichts. Es ist ein dornenvoller Weg, aber er ist für den Menschen der einzig gangbare Weg. Wer diesen Weg nicht beschreitet, bleibt dem Bösen verhaftet und ist der Vernichtung preisgegeben.

3. Wir sind Maria geweiht, und Maria hat sich uns geweiht. Sie weihte sich einst Gott und daraus erwuchs ihre Verpflichtung, uns mit Liebe zu Gott zu führen. Die Liebe zu Gott ist stets der wichtigste Beweggrund, sich auch den Menschen zuzu-

wenden. Maria ist für unsere geistige Entwicklung verantwortlich. Durch unsere Fortschritte trägt sie zum Ruhme Gottes, des Schöpfers, bei. Sie treibt uns unermüdlich voran, denn sie liebt Gott, und auch uns, ihre Kinder. Mißerfolge entmutigen sie nicht, denn sie vertraut der Allmacht Gottes, die ihr lebendiger Glaube offenbart. Unsere Sünden und Schwächen hindern sie nicht daran, uns ihre Liebe auch weiter zuteilwerden zu lassen. Sie nimmt die Jahreswende nicht zum Anlaß, ihre Bemühungen abzubrechen, sondern intensiviert sie nur noch. Das Neue Jahr sollte aber auch uns dazu anregen, die Botschaften Mariens bzw. das Evangelium mit Enthusiasmus anzunehmen und aus Liebe zur eigenen Person, zu Maria und Gott das Neue Jahr als Geschenk zu betrachten und in Hinkunft so zu leben, daß auch wir ein Geschenk für andere werden.

4. „Gott sei uns gnädig und segne uns. Er lasse über uns sein Angesicht leuchten, damit auf Erden sein Weg erkannt wird und unter allen Völkern sein Heil.

Die Völker sollen dir danken, o Gott, danken sollen dir die Völker alle.

Die Nationen sollen sich freuen und jubeln. Denn du richtest den Erdkreis gerecht.

Du richtest die Völker nach Recht und regierst die Nationen auf Erden.

Das Land gab seinen Ertrag. Es segne uns Gott, unser Gott.

Es segne uns Gott. Alle Welt fürchte und ehre ihn." (Ps 67, 1—8)

Übt Werke der Liebe und der Barmherzigkeit

1. „Liebe Kinder! Heute möchte ich mich für eure Anwesenheit an diesem Ort, wo ich besondere Gnaden gebe, bedanken. Jeden von euch rufe ich auf, daß ihr von heute an das Leben zu leben beginnt, das Gott von euch wünscht, und daß ihr gute Taten der Liebe und der Barmherzigkeit vollbringt. Ich wünsche nicht, daß ihr, liebe Kinder, die Botschaften lebt und Sünde begeht, die ich nicht liebe. Deshalb, liebe Kinder, wünsche ich, daß jeder von euch das neue Leben lebt, ohne all das abzutöten, was Gott in euch erschaffen hat und was Er euch gibt. Ich gebe euch meinen besonderen Segen und bleibe mit euch auf eurem Weg der Umkehr. — Danke, daß ihr meinem Ruf gefolgt seid!" (25. 3. 1987)

2. Der Weg der Umkehr führt uns zum neuen Leben, das frei ist von egoistischen Gefühlen. Der Egoismus verschließt das menschliche Herz, so daß der göttliche Same der Liebe, des Glaubens und der Hoffnung verderben muß. Umkehr dage-

gen bedeutet, die Fesseln des Egoismus abzustreifen und die Liebe walten zu lassen. Das ist oft ein schmerzhafter Prozeß, jedoch der einzige, der Früchte hervorbringen wird. Wer in der Liebe wächst, entwickelt sich zu einem Menschen, der Gott, seinen Nächsten und auch die Natur lieben kann. Ein Herz, das in Liebe erblüht ist, kann in seiner Schönheit durch nichts übertroffen werden.

Die Liebe ist fruchtbar. Werke, die mit Liebe vollbracht werden und von der Liebe beflügelt sind, sind Werke der Barmherzigkeit. Die Liebe erkennt mit sicherem Auge, woran es dem anderen mangelt und sie setzt alle Hebel in Gang, um den Mangel zu beseitigen. Liebe, die aktiv wird, ist erfinderisch und sie erreicht, was sie erstrebt.

3. Die Gottesmutter will uns zu Taten der Liebe und Barmherzigkeit bewegen. Diese Botschaft hat eine besondere Bedeutung, da sie am Tag der Verkündigung gegeben wurde. Maria sagte zu Gott: „Es geschehe nach Deinem Willen." Damit vollbrachte sie mit liebendem Herzen ein Werk der Barmherzigkeit. Sie gestattete Gott, Seinen Sohn auf die Erde herabzusenden, damit Er die Welt erlöse, um so Seine grenzenlose Liebe zu offenbaren. Als Maria zustimmte, sich dem Willen Gottes zu unterwerfen, gab sie dem Menschengeschlecht, das sich durch die Sünde der ersten Frau, Eva, dem Willen Gottes widersetzt hatte, eine neue Möglichkeit der Um-

kehr. Wenn der Mensch zuläßt, daß Gott in ihm als das Licht und das Leben, als Liebe, Barmherzigkeit und Gerechtigkeit wirken kann, hat er sich selbst die größte Barmherzigkeit erwiesen und erst dann wird er imstande sein, sich anderen Menschen zuzuwenden und an ihnen Werke der Liebe und Barmherzigkeit zu vollbringen. Wer nicht bereit ist, sich von der Sünde loszusagen, ist unbarmherzig sich selbst gegenüber, denn er widersetzt sich dem Plan Gottes. Das stimmt Maria, die doch unser Wachsen und Reifen im Sinn hat, traurig.

4. „Alles, was ihr also von anderen erwartet, das tut auch ihnen! Darin besteht das Gesetz und die Propheten." (Mt 7, 12)

Die Liebe Gottes verwirklichen

1. „Liebe Kinder! Jeden von euch rufe ich auf, daß er in der Liebe Gottes zu leben beginnt. Liebe Kinder, ihr seid bereit, Sünde zu begehen und euch ohne Überlegung in die Hände Satans zu übergeben. Ich rufe euch auf, daß sich jeder von euch bewußt für Gott und gegen Satan entscheidet. Ich bin eure Mutter und möchte alle zur vollkommenen Heiligkeit führen. Ich wünsche, daß jeder von euch hier auf Erden glücklich sei und jeder von euch mit mir im Himmel sein möge. Das ist, liebe Kinder, das Ziel meines Kommens und mein

Wunsch. — Danke, daß ihr meinem Ruf gefolgt seid!“ (25. 5. 1987)

2. Heiligkeit ist gleichbedeutend mit Wachsen in Liebe. Heiligkeit bedeutet jedoch in erster Linie, von der Sünde und ihren Auswirkungen geheilt zu werden, allen Versuchungen zu widerstehen und sich dem Willen Gottes zu beugen. Niemand kann heilig werden, wenn er nicht zuläßt, daß seine barmherzige Liebe zu sich selbst, zu den Mitmenschen, zu Gott und der Natur wachsen kann. Wer sich also gegen das Heiligwerden sträubt — und der Mensch tut das, wenn er sich nicht dem Willen Gottes unterwirft — liebt weder sich selbst, noch ist er imstande, seinen Nächsten, Gott oder die Natur zu lieben. Heiligkeit äußert sich nicht durch große Taten, aber jede Tat, die mit Liebe ausgeführt wurde, zeugt von Heiligkeit. Es wäre falsch, anzunehmen, daß Wunder und besondere Fähigkeiten schon Zeichen der Heiligkeit sein müßten, wenn auch betont werden muß, daß Heilige immer große Taten vollbracht, ja, sogar Wunder gewirkt haben. Heiligkeit erlangt man, indem man sich der Sünde und dem Satan, der uns dazu anstiften will, widersetzt. Jeder einzelne Christ ist zur Heiligkeit aufgerufen, denn Heiligkeit ist kein Privileg weniger Auserwählter.

3. Maria, unsere Mutter, weiß das alles. Sie will uns zur Heiligkeit erziehen und das bedeutet, daß wir uns selbst, den anderen, unseren Schöpfer und

alles, was Er geschaffen hat, lieben sollen und uns gegen den Tod, die Sünde und die Werke des Satans entscheiden müssen. Nur dieser Weg kann uns das irdische Glück bescheren und uns schließlich in den Himmel führen. Maria selbst hat betont, daß sie deshalb so lange bei uns geblieben ist, weil sie uns zur Heiligkeit erziehen will. Als Mutter wünscht sie nichts anderes, als uns wachsen und reifen zu sehen. Nur mit unserer Hilfe wird sie den Satan und seine Gehilfen vernichten und uns, ihren Kindern, die Bahn ebnen können. Nur wenn sich ihre Kinder in den Mantel der Heiligkeit hüllen, wird ihre Mission von Erfolg gekrönt sein. Maria wirft uns vor, daß wir uns nur allzu unüberlegt und leichtfertig dem Satan ausliefern, und darum sollte unser Entschluß lauten: Ich entscheide mich für die Heiligkeit und will jeden Tag für die Erlangung dieser Gnade beten.

4. „Du aber verkünde, was der gesunden Lehre entspricht. Die älteren Männer sollen nüchtern sein, achtbar, besonnen, stark im Glauben, in der Liebe, in der Ausdauer. Ebenso seien die älteren Frauen würdevoll in ihrem Verhalten, nicht verleumderisch und nicht trunksüchtig; sie müssen fähig sein, das Gute zu lehren, damit sie die jungen Frauen dazu anhalten können, ihre Männer und Kinder zu lieben, besonnen zu sein, ehrbar, häuslich, gütig und ihren Männern gehorsam, damit das Wort Gottes nicht in Verruf kommt. Ebenso

ermahne die jüngeren Männer, in allen Dingen besonnen zu sein." (Tit 2, 1—6)

Wer liebt, findet leicht zu Gott

1. „Liebe Kinder! Heute will ich euch alle aufrufen, daß sich jeder von euch für das Paradies entscheidet. Der Weg ist für diejenigen schwer, die sich nicht für Gott entschieden haben. Liebe Kinder, entscheidet euch und glaubt, daß Gott sich euch in Seiner Fülle anbietet. Ihr seid berufen, und ihr sollt auf den Ruf des Vaters antworten, der euch durch mich ruft. Betet, denn im Gebet wird jeder von euch die vollkommene Liebe erreichen können. Ich segne euch und möchte euch helfen, daß jeder von euch unter meinem mütterlichen Mantel sei. — Danke, daß ihr meinem Ruf gefolgt seid!" (25. 10. 1987)

2. Gott ist die Liebe. Er bietet sich aus freien Stücken und mit Liebe Seinen Geschöpfen dar, denen Er die Willensfreiheit geschenkt hat. Die göttliche Liebe will im menschlichen Herzen ihren Widerhall finden. Liebe will mit Liebe beantwortet werden. Gott kann sich uns nicht entziehen, er kann nicht passiv sein und schweigen, denn Er ist die Liebe. Die Liebe ist aber nur dann vollkommen, wenn die Liebenden vereint und verbunden

sind. Die gesamte Schöpfung zeugt von der Liebe Gottes, die Er uns in überreichem Maße entgegenbringt; die Krone der Schöpfung und der größte Ausdruck Seiner Liebe aber ist der Mensch, den Gott von allen Geschöpfen auch am innigsten liebt. Alles Geschaffene zeugt durch seine Existenz von der Liebe Gottes. Der Mensch aber muß sich für sein Leben und die Liebe aus freiem Willen entscheiden, um die Liebe Gottes zu erwidern. Die Entscheidung steht jedem frei. Er kann sich für Gott und somit für das Licht oder gegen Gott und damit für die Finsternis entscheiden. Dann aber wird er von Finsternis umgeben sein, die ihn nie glücklich werden läßt und ihm die natürliche Lebensbasis entzieht, so daß er zum Leben untauglich wird. Es ist also eine sehr wichtige Entscheidung, ob sich der Mensch für Gott entscheidet oder ob er ein Leben ohne Gott führen will, ob er sein Schicksal in Richtung Wachsen und Reifen lenkt oder den Weg der Zerstörung und Vernichtung einschlägt. Dem Menschen steht es frei, sich für das Paradies und den Himmel oder für das ewige Verderben zu entscheiden.

3. Maria, die unter uns, ihren Kindern, weilt, ist das Sprachrohr Gottes. Gott spricht durch ihre Existenz und durch die Antwort, die sie Ihm einst gab. Er ruft uns zum Frieden auf. Er zeigt uns, daß Er uns vergibt, weil Er barmherzig ist und

uns liebt. Wir aber, die Kinder dieser Zeit, sind für Sein Wort taub und für Seine Zeichen blind geworden. Manch einer verleugnet die Existenz Gottes, und selbst jene, die daran glauben, bezweifeln oft, daß Gott an ihrem Leben Anteil nimmt. Maria gab uns bereits zu Beginn ihrer Erscheinungen die einfache Botschaft: „Ich bin gekommen, euch zu sagen, daß Gott lebt, daß Er existiert." Maria will uns aus unserem Kerker befreien, uns vor der List des Satans bewahren und uns den Weg zum Paradies und einem Leben in Vollkommenheit weisen. Der Weg ist gesäumt von Freude und Frieden, dennoch wird es uns nicht leichtfallen, ihn zu gehen. Die Sünde wird uns auflauern und bedrohen und wird versuchen, unseren Willen zu brechen. Maria wird uns aber helfen, von unserer Entscheidung nicht abzuweichen und den Weg zum Paradies unbeirrbar weiterzugehen. Wer sich selbst liebt, wird mit Liebe diesen Weg gehen. Das Gebet wird unsere Entscheidung festigen und unseren Schritt beflügeln.

4. „Geht durch das enge Tor! Denn das Tor ist weit, das ins Verderben führt, und der Weg dahin ist breit, und viele gehen auf ihm. Aber das Tor, das zum Leben führt, ist eng, und der Weg dahin ist schmal, und nur wenige finden ihn." (Mt 7, 13—14)

Glaubt mir, ich liebe Euch!

1. „Liebe Kinder! Auch heute lade ich euch ein, daß sich jeder von euch entscheidet, mir erneut alles ganz zu übergeben. Nur so werde ich jeden von euch Gott darbringen können. Liebe Kinder, ihr wißt: Ich liebe euch unermeßlich und wünsche, daß jeder von euch mir gehöre! Aber Gott hat jedem die Freiheit gegeben, die ich in Liebe achte und vor der ich mich in Demut verneige. Ich wünsche, daß ihr, liebe Kinder, helft, daß sich alles, was Gott in dieser Pfarre vorhat, verwirklicht. Wenn ihr nicht betet, werdet ihr meine Liebe und die Pläne, die Gott mit dieser Pfarre sowie mit jedem einzelnen hat, nicht entdecken können. Betet, daß euch Satan nicht mit seinem Hochmut und seiner trügerischen Stärke an sich zieht. Ich bin mit euch und wünsche, daß ihr mir glaubt, daß ich euch liebe. — Danke, daß ihr meinem Ruf gefolgt seid!" (25. 11. 1987)

2. Wer liebt, achtet die Freiheit des anderen. Wenn aber die Freiheit des anderen akzeptiert wird, kann die Liebe auf eine harte Folter gespannt werden und viel Leid erfahren. Die Liebe ist vom Wunsch beseelt, das geliebte Wesen reicher zu machen, indem sie sich selbst verschenkt. Wenn aber keine Erwiderung der Liebe erfolgt, bleibt der Wunsch ungestillt, und die Liebe wartet, bietet sich dar und leidet. Sie wartet auf den Augenblick,

da sie die Brücke der Liebe wieder aufbauen kann, um zum Geliebten zu eilen und sich verschenken zu können. Gott sehnt sich nach Seinem Geschöpf, dem Menschen, und Er wartet auf dessen Antwort. Die menschliche Liebe ist ungeduldig, trügerisch und aufdringlich. Sie akzeptiert nicht die Freiheit des anderen und denkt nur an sich selbst. Unser Ziel muß es daher sein, unsere Liebe reifen zu lassen, damit sie rein werde.

3. Die Gottesmutter ruft uns auf, sich zu entscheiden, ihr alles zu übergeben. Sie liebt uns grenzenlos und will, daß jeder ihr gehöre. Sie will uns sehen, uns nahe sein und uns lehren. Voll Demut akzeptiert sie jedoch unsere Entscheidungsfreiheit und daher auch unsere Antwort. Sie ist bereit, auch das verschlossene Herz in Liebe anzunehmen und demütig zu warten, bis es sich ihr öffnet. Maria verhält sich uns gegenüber so, wie sich Gott ihr gegenüber verhalten hat, als Er sie durch den Engel fragen ließ, ob sie Seinen Plan annehmen will. Maria antwortete nur: „Es geschehe mir nach Deinem Wort!“ Hingabe, Gehorsam und Demut entspringen dem freien Willen und sind unsere freiwillige Antwort auf die Liebe Gottes.

Maria weist uns darauf hin, daß der Satan große Macht auf uns ausüben kann und uns mit Hochmut und trügerischer Kraft verleiten, anziehen und vom Plan, den Gott mit der Gemeinde und jedem einzelnen von uns hat, abbringen will. Das

Gebet wird uns helfen, Gottes Plan zu erkennen und die Gnade zu erhalten, um diesen Plan auch in die Tat umsetzen zu können. Gleichzeitig bewahrt es uns davor, in die Falle des Satans zu tappen und zu seinem Werkzeug zu werden und verleiht uns die Kraft, sich seinem Streben zu widersetzen.

4. „Kommt, wir kehren zum Herrn zurück! Denn er hat (Wunden) gerissen, er wird uns auch heilen; er hat verwundet, er wird auch verbinden. Nach zwei Tagen gibt er uns das Leben zurück, am dritten Tag richtet er uns wieder auf, und wir leben vor seinem Angesicht. Laßt uns streben nach Erkenntnis, nach der Erkenntnis des Herrn. Er kommt so sicher wie das Morgenrot; er kommt zu uns wie der Regen, wie der Frühjahrsregen, der die Erde tränkt. Was soll ich tun mit dir, Efraim? Was soll ich tun mit dir, Juda? Eure Liebe ist wie eine Wolke am Morgen und wie der Tau, der bald vergeht. Darum schlage ich drein durch die Propheten, ich töte sie durch die Worte meines Mundes. Dann leuchtet mein Recht auf wie das Licht. Liebe will ich, nicht Schlachtopfer, Gotteserkenntnis statt Brandopfer." (Hos 6, 1—6)

Ich schenke Euch Jesus mit Liebe

1. „Liebe Kinder! Freut euch mit mir! Mein Herz ist froh wegen Jesus, den ich euch heute schenken möchte. Ich wünsche, liebe Kinder, daß jeder von

euch sein Herz Jesus öffnet, und ich schenke Ihn euch mit Liebe! Ich wünsche, liebe Kinder, daß Er euch ändert, lehrt und behütet. Heute bete ich auf besondere Weise für jeden von euch und bringe euch Gott dar, daß Er sich in euch offenbare. Ich rufe euch zum wahren Gebet mit dem Herzen auf, damit jedes eurer Gebete eine Begegnung mit Gott werde. Stellt Gott in eurer Arbeit und im alltäglichen Leben auf den ersten Platz! Heute rufe ich euch mit großem Ernst auf, mich zu hören und das zu tun, wozu ich euch aufrufe. — Danke, daß ihr meinem Ruf gefolgt seid!" (25. 12. 1987)

2. Weihnachten. Freude durchströmt jedes Herz. An diesem Feiertag sind die Herzen für Gott und die Mitmenschen offener. Glühende Herzen beginnen an diesem Tag zu brennen und viele kalte Herzen werden zumindest erwärmt. Gott kommt auf die Welt als Kind einer einfachen Mutter. Das ist auch der Grund für das veränderte Verhalten vieler Menschen, das jedoch leider oft nur kurze Zeit zu beobachten ist. Maria bittet uns, zuzulassen, daß Gott sich in uns offenbaren kann und daß wir Ihn mit jener Liebe empfangen, mit der sie Ihn uns darbringt. Zu Weihnachten wird das nicht schwerfallen, denn an diesem Tag ist der Mensch eher zum Gebet bereit und durch das Gebet kann es zu einer echten Begegnung kommen. Unsere Herzen sollten jedoch nicht nur zu Weihnachten offen sein. Maria ruft uns daher auf, Gott in unse-

rem Leben den ersten Platz einzuräumen und alles, was uns daran hindert, daß Gott in unseren Gedanken, Worten und Werken diesen Platz einnimmt, abzuwerfen. Gott ist Kind geworden und ist unter uns gegenwärtig. Gott ist begreifbar, denn Er ist einfach und wir können Ihn annehmen, weil auch Er uns angenommen hat. Gott ist das Leben und der Weg, das Licht und die Wahrheit. Aus diesem Grunde müssen wir uns mit großer Freude und tiefem Ernst für Ihn entscheiden und Seinem Wort folgen.

3. Die Gottesmutter ruft uns zur Freude auf. Der Grund ihrer menschlichen Freude ist die Gegenwart Jesu Christi , dem sie in Liebe ihr Herz geöffnet hat. Sie kennt den Grund ihrer Freude und daher ruft sie auch uns auf, unser Herz für Jesus zu öffnen. Maria hat Jesus von Gott als Geschenk angenommen. Gott selbst hat sich ihr mit Liebe geschenkt. Das mit Liebe angenommene Geschenk reicht sie an andere weiter, damit es noch größer werden kann. Maria bietet uns Jesus mit dem Wunsch dar, daß Er unser Leben bereichern möge, denn auch ihr Leben ist reicher geworden, als sie das Angebot Gottes angenommen hat. Nicht wer gut ist, nimmt Gott an, sondern der, der besser werden möchte. Gott kommt nicht, sobald wir unser Leben ändern, sondern dann, wenn wir Ihm unser Herz öffnen. Er kommt, wenn wir uns Ihm öffnen, um unser Leben zu verändern. Er kommt,

um uns zu lehren und zu leiten, und wer sich lehren und leiten läßt, besucht die beste aller Schulen. Er wird in dieser Schule tiefste Weisheit erlangen und es wird ihm das Schönste, die Liebe, geschenkt. Die Weihnachtsfreude ist zumeist von kurzer Dauer, weil sich der Mensch nur allzu rasch vom richtigen Weg abbringen läßt. Das Böse hält uns davon ab, den Weg mit Gott, der unser Weg- und Leidensgenosse geworden ist, zu gehen. Unsere Weg- und Leidensgenossin, Mutter und Lehrerin ist auch Maria. Weihnachten ist die Zeit, die wir nicht besser als mit Jesus und Maria verbringen könnten. Mit Gott zu gehen heißt, den Weg der Liebe und des Friedens zu gehen.

4. „In jener Gegend lagerten Hirten auf freiem Feld und hielten Nachtwache bei ihrer Herde. Da trat der Engel des Herrn zu ihnen, und der Glanz des Herrn umstrahlte sie. Sie fürchteten sich sehr, der Engel aber sagte zu ihnen: Fürchtet euch nicht, denn ich verkünde euch eine große Freude, die dem ganzen Volk zuteil werden soll: Heute ist euch in der Stadt Davids der Retter geboren; er ist der Messias, der Herr. Und das soll euch als Zeichen dienen: Ihr werdet ein Kind finden, das, in Windeln gewickelt, in einer Krippe liegt. Und plötzlich war bei den Engeln ein großes himmlisches Heer, das Gott lobte uns sprach: Verherrlicht ist Gott in der Höhe, und auf Erden ist Friede bei den Menschen seiner Gnade." (Lk 2, 8—14)

Die Liebe zeigt den Weg des Friedens und des Heils

1. „Liebe Kinder! Auch heute möchte ich euch zum Gebet und zur vollkommenen Hingabe an Gott einladen. Ihr wißt, daß ich euch liebe und aus Liebe zu euch hierher komme, um euch den Weg des Friedens und der Rettung der Seele zu zeigen. Ich wünsche, daß ihr auf mich hört und daß ihr Satan nicht erlaubt, euch irrezuführen. Liebe Kinder, Satan ist ziemlich stark. Deshalb bitte ich euch, daß ihr mir eure Gebete für diejenigen darbringt, die unter seinem Einfluß stehen, damit auch sie gerettet werden. Gebt Zeugnis mit eurem Leben! Opfert euer Leben für die Rettung der Welt! Ich bin mit euch und danke euch. Im Himmel werdet ihr vom Vater den Lohn empfangen, den Er euch verheißen hat. Deshalb, meine lieben Kinder, habt keine Angst! Wenn ihr betet, kann euch Satan nichts antun, denn ihr seid Kinder Gottes, und Gott wacht über euch. Betet! Der Rosenkranz sei immer in euren Händen, als Zeichen dem Satan gegenüber, daß ihr mir gehört. — Danke, daß ihr meinem Ruf gefolgt seid!" (25. 2. 1988)

2. In der heutigen Zeit gehen viele Menschen den Weg des Unfriedens. Sie suchen den Frieden und das Heil und entfernen sich dabei immer weiter davon. Je weiter sie sich aber davon entfernen, desto verbitterter und krampfhafter suchen sie

danach. Je fieberhafter sie suchen, desto leichter verirren sie sich im Dschungel des Unfriedens und des Verderbens. Gott will aber nicht unser Verderben, Er will unseren Frieden und unser Heil. Gott beschert der menschlichen Seele den Frieden und schenkt dem Sterblichen die Unsterblichkeit. Er weist uns den Weg aus der Ausweglosigkeit, bringt Licht in die Dunkelheit und verwandelt unsere Trauer in Freude.

3. Gott schickt uns gerade in der heutigen Zeit Maria, um uns durch sie zu rufen. Maria betont unablässig, daß sie aus Liebe erscheint und uns mit Liebe den Weg des Friedens und des Heils weisen will. Sie will uns, ihre Kinder, leiten und erziehen, damit wir im geistigen Kampf gegen den Satan bestehen können. Der Satan ist stark. Er lockt und verführt uns, er will uns zerstören, vernichten und uns blenden, und viele Menschen sind seiner Verführungskunst bereits erlegen. Und dennoch brauchen wir uns nicht zu fürchten. Maria, unsere Mutter, vermag uns dem Wirkungsbereich des Satans zu entziehen und mit unserer Hilfe wird sie auch den Satan besiegen. Grundbedingung dafür ist allerdings, daß sich der Mensch Gott hingibt, sich Seinem Willen fügt, daß er die innere und äußere Ordnung aufrecht hält und Gehorsam übt, das Gebet als mächtigste Waffe ansieht und den Rosenkranz als äußeres Zeichen in Händen hält. Der Sieg wird nicht ausbleiben und

als Lohn winkt uns das Himmelreich. Maria, dem Morgenstern, zu folgen, heißt, den Weg des Friedens und des Heils zu beschreiten uns so das Böse zu besiegen.

4. „Und schließlich: Werdet stark durch die Kraft und Macht des Herrn! Zieht die Rüstung Gottes an, damit ihr den listigen Anschlägen des Teufels widerstehen könnt. Denn wir haben nicht mit Menschen aus Fleisch und Blut zu kämpfen, sondern gegen die Fürsten und Gewalten, gegen die Beherrscher dieser finsteren Welt, gegen die bösen Geister des himmlischen Bereichs. Darum legt die Rüstung Gottes an, damit ihr am Tag des Unheils standhalten, alles vollbringen und dem Kampf bestehen könnt. Seid also standhaft: Gürtet euch mit Wahrheit, zieht als Panzer die Gerechtigkeit an und als Schuhe die Bereitschaft, für das Evangelium vom Frieden zu kämpfen. Vor allem greift zum Schild des Glaubens! Mit ihm könnt ihr alle feurigen Geschosse des Bösen auslöschen!" (Eph 6, 10—16)

Mit Liebe die Vergänglichkeit besiegen

1. „Liebe Kinder! Auch heute rufe ich euch zur vollkommenen Hingabe an Gott auf. Ihr, liebe Kinder, seid euch nicht bewußt, mit wieviel Liebe Gott euch liebt. Deshalb erlaubt Er mir, mit euch zu

sein, euch zu belehren und euch zu helfen, den Weg des Friedens zu finden. Diesen Weg könnt ihr nicht erkennen, wenn ihr nicht betet. Deshalb löst euch von allem, liebe Kinder, und widmet eure Zeit Gott, und Gott wird euch dann beschenken und segnen. — Meine lieben Kinder, vergeßt nicht, daß euer Leben vergänglich ist wie eine Frühlingsblume, die heute wunderschön ist und von der man morgen nichts mehr weiß. Deshalb betet so, daß euer Gebet und eure Hingabe an Gott wie Wegweiser werden. So wird euer Zeugnis nicht nur für euch, sondern für die ganze Ewigkeit einen Wert haben. — Danke, daß ihr meinem Ruf gefolgt seid!" (25. 3. 1988)

2. Die Liebe äußert sich durch das Interesse, das man einem geliebten Menschen, einer Tätigkeit oder einer Sache entgegenbringt. Niemand kann behaupten, jemanden oder etwas zu lieben, ohne am Objekt seiner Liebe reges Interesse zu zeigen. Auch die Liebe Gottes äußert sich am Interesse, das Er uns entgegenbringt. Der Gott unserer Väter, der Gott Jakobs und Josephs, der Gott Abrahams und Isaaks ist kein Gott, der das Glück und den Frieden für sich allein in Anspruch nehmen will und sich auf Seinen Thron zurückzieht, um sich vom Schicksal der Menschen zu distanzieren, sondern Er liebt die Menschen, Seine Kinder, und es ist für Ihn dabei unwichtig, ob diese begreifen, wie sehr sie doch von Ihm geliebt werden. Auch

für eine Mutter ist es nicht relevant, ob ihr Kind das ganze Ausmaß ihrer Liebe zu begreifen vermag, denn für die Entwicklung des Kindes ist das bedeutungslos. Problematisch wird es allerdings, wenn der Mensch die Liebe Gottes abweist und sie durch andere Varianten der Liebe zu ersetzen versucht.

3. Die göttliche Liebe wird besonders durch Maria, die Königin des Friedens, wirksam. Wenn sie uns lehrt, führt und mahnt, wenn sie uns hilft, uns ihr Versprechen gibt, uns segnet oder uns konkrete Ratschläge erteilt, so spricht aus ihr die Liebe Gottes. Wir bedürfen ihrer Hilfe heute, morgen und bis in alle Ewigkeit. Maria ruft uns auf, unsere Zeit Gott zu widmen. Sie vergleicht unser Leben mit einer vergänglichen Blüte. Wir dürfen unser Herz nicht an die Dinge dieser Welt hängen, da sie uns das Tor zur Ewigkeit versperren könnten. Die Liebe läßt uns die Zeit relativ kurz oder auch ewig lang erscheinen, denn sie vereinigt in sich sowohl die Vergänglichkeit, die den Menschen nicht mehr ängstigt, als auch die Ewigkeit, auf die sich der Mensch freuen kann. Gegenwart und Zukunft verschmelzen durch die Liebe zu einem ewigen Jetzt, das bewußt erlebt werden will. Die Liebe versetzt den Menschen in einen anderen Raum und in eine andere Zeit. Wer von Liebe erfüllt ist, fühlt sich auf Erden frei und wird Zeuge und Wegweiser der Gegenwart und der Ewigkeit für seine Mitmenschen.

4. „Der Bruder, der in niederem Stand lebt, rühme sich seiner hohen Würde, der Reiche aber seiner Niedrigkeit; denn er wird dahinschwinden wie die Blume im Gras. Die Sonne geht auf, und ihre Hitze versengt das Gras; die Blume verwelkt, und ihre Pracht vergeht. So wird auch der Reiche vergehen mit allem, was er unternimmt. Glücklich der Mann, der in der Versuchung standhält. Denn wenn er sich bewährt, wird er den Kranz des Lebens erhalten, der denen verheißen ist, die Gott lieben." (Jak 1, 9—12)

Alle in die Liebe einbinden

1. „Liebe Kinder! Ich lade euch zur vollkommenen Hingabe an Gott ein. Betet, meine lieben Kinder, daß euch der Satan nicht hin und her schwinge wie Zweige im Wind. Seid stark in Gott! Ich wünsche, daß durch euch die ganze Welt den Gott der Freude erkenne. Bezeugt mit eurem Leben die Freude Gottes! Seid nicht ängstlich und besorgt! Gott wird euch helfen und euch den Weg zeigen. Ich wünsche, daß ihr mit meiner Liebe alle liebt, Gute und Böse. Nur so wird die Liebe in der Welt zu herrschen beginnen. Meine lieben Kinder, ihr seid mein! Ich liebe euch und wünsche, daß ihr euch mir ganz überlaßt, damit ich euch zu Gott führen kann. Betet ohne Unterlaß, daß euch der Satan nicht ausnützen kann. Betet, daß ihr er-

kennt, daß ihr mir gehört! Ich segne euch mit dem Segen der Freude. — Danke, daß ihr meinem Ruf gefolgt seid!" (25. 5. 1988)

2. Fragen wir, was unter dem Begriff „Liebe" denn eigentlich zu verstehen ist, so werden wir bald die verschiedensten Definitionen gefunden haben. Der Begriff „Liebe" kann von drei wichtigen Gesichtspunkten aus betrachtet werden:

— Unter „Eros" versteht man die körperliche Liebe, und diese Liebe ist immer eigennützig. Sie sucht Personen und Dinge zwecks Genuß und ist nur auf den Konsum bedacht.

— Unter „Philia" versteht man die Freundesliebe. Diese Liebe ist nicht bedingungs- und schrankenlos, denn soviel sie gibt, soviel will sie auch erhalten. Erhält sie es nicht, gerät sie ins Schwanken.

— Unter „Agape" versteht man schließlich die Liebe, die ihre Wurzeln in Gott hat. Sie verschenkt sich bedingungslos und ist glücklich, wenn sie sich verschenken kann. Das ist die echte eucharistische Liebe, die keine Schranken kennt. Sie konzentriert sich nicht nur auf die Guten, sondern verschenkt sich auch an die Bösen. Sie kennt keine nationalen oder konfessionellen Grenzen, unterscheidet nicht zwischen Mann und Frau, zwischen schön und häßlich. Für sie existiert nur der Mensch und die Situation. Indem sie andere glücklich macht, findet sie ihre Erfüllung. Diese eucharistische Liebe konzentriert sich auf alle

Menschen und führt zum Frieden. Egoismus und Neid sind ihr fremd. Sie wirkt im Stillen und dient dem Nächsten.

3. Eben zu dieser Liebe will uns die Gottesmutter erziehen, denn diese Liebe kann uns von unserer schweren Last und unseren großen Sorgen befreien. Diese Liebe vermag den richtigen Augenblick zu wählen und sie glaubt an den neuen Tag, an dem sie den Willen Gottes erfüllen wird. Der Satan versucht mit all seiner Macht, diese Liebe zu bekämpfen. Er trachtet danach, sie schon im Keim zu ersticken und uns nur den Eros und die Philia schmackhaft zu machen. Zwar haben im Leben jedes Menschen auch diese Varianten der Liebe ihren bestimmten Stellenwert, ein Christ darf sich jedoch allein damit nicht begnügen. Viele Einzelpersonen und Gruppen, Kongregationen, nationale und konfessionelle Gemeinschaften überschreiten nie die Grenzen der Philia. Sie kapseln sich ab, lehnen andere ab und verurteilen sie sogar. Sie lassen nur die eigenen Ideologien gelten und verletzen damit das Gebot der Liebe. Oft wähnen sie sich dabei sogar im Recht. Grenzen und Hindernisse dienen uns leider nur allzu oft als Vorwand für unsere Lieblosigkeit. Die bedingungslose, eucharistische Liebe sollte sich aber gerade dadurch beweisen, daß sie alle Schranken überwindet. Wer betet und im Bewußtsein, daß Gott ihn liebt und er ein Kind der Gottesmutter

ist, lebt, hat bereits den Weg der eucharistischen, allumfassenden Liebe beschritten.

4. „Denn alle, die vom Fleisch bestimmt sind, trachten nach dem, was dem Fleisch entspricht, alle, die vom Geist bestimmt sind, trachten nach dem, was dem Geist entspricht. Das Trachten des Fleisches führt zum Tod, das Trachten des Geistes aber zu Leben und Frieden. Denn das Trachten des Fleisches ist Feindschaft gegen Gott; es unterwirft sich nicht dem Gesetz Gottes und kann es auch nicht. Wer vom Fleisch bestimmt ist, kann Gott nicht gefallen. Ihr aber seid nicht vom Fleisch, sondern vom Geist bestimmt, da ja der Geist Gottes in euch wohnt ... " (Röm 8, 5—9)

Unsere Wünsche und die Liebe Gottes

1. „Liebe Kinder! Heute lade ich euch zur Liebe ein, die Gott treu ist und die Ihm gefällt. Meine lieben Kinder, die Liebe nimmt alles an, auch was hart und bitter ist, um Jesu willen, der die Liebe ist. Deshalb, liebe Kinder, bittet Gott, daß Er euch zu Hilfe kommt. Aber nicht wegen eurer Wünsche, sondern nach Seiner Liebe. Übergebt euch Gott, damit Er euch heilen und trösten kann und daß Er all das, was in euch ein Hindernis auf dem Weg der Liebe ist, verzeihen kann. So kann Gott euer Leben formen, und ihr werdet in der Liebe wach-

sen. Verherrlicht Gott, meine lieben Kinder, entsprechend dem Hohen Lied der Liebe, damit die Liebe Gottes in euch von Tag zu Tag bis zur Vollkommenheit wachsen kann. — Danke, daß ihr meinem Ruf gefolgt seid!“ (25. 6. 1988)

2. Wenn wir mit dem Herzen und mit Liebe beten, werden wir im Gebet Gott begegnen. Wenn wir jedoch nur aus eigennützigen Motiven beten und nur auf die Erfüllung der eigenen Wünsche bedacht sind, wird es zu keiner Begegnung mit Gott kommen. Das ist nicht die echte Agape, sondern nur das Stadium der Philia. Wenn uns nur unsere persönlichen Nöte oder die Nöte unserer Angehörigen zum Gebet animieren, werden wir dem Gott der Liebe nie begegnen. Wir beten nicht zu Ihm, weil Er uns liebt, sondern allein, damit Er uns helfe. Auf diese Weise schaffen wir uns von Gott ein Bild, das auf unsere Bedürfnisse zurechtgeschnitten ist und entfernen uns dabei immer mehr vom wahren Gott. In der Krankheit suchen wir einen Gott, der uns heilen wird. Sind wir arm, rufen wir zu einem Gott, der uns reicher machen soll. Sind wir schwach, sehnen wir uns nach einem Gott, der Stärke ausstrahlt, und haben wir gesündigt, so flehen wir zu einem Gott, der barmherzig ist. Tatsächlich ist aber der Gott, an den wir glauben, sowohl heilbringend als auch bereichernd, sowohl stark als auch barmherzig, und wir sind Seiner Liebe nicht würdig, wenn wir ihn

nur dann anrufen, wenn wir Seiner Hilfe bedürfen.

3. Maria will uns die richtige Einstellung zum Gebet vermitteln. Wir müssen Gott suchen, weil Er uns liebt und weil wir dankbar sind, daß Er uns erschaffen hat. Wir müssen Gott mit unserer ganzen Hingabe lieben, aber nicht, weil Er unsere Bitten erhört, sondern weil Er die Liebe ist. Maria weiß, daß wir die Liebe Gottes und Seine Gegenwart dringend brauchen. Wenn Er uns liebt und wir Ihn lieben, wird sich für uns alles zum Guten wenden. Uns wird Trost, Hilfe und Heil zuteil, denn Gott sorgt sowohl für unser irdisches als auch für unser ewiges Heil. Wir Menschen müssen aber lernen zu begreifen, daß unsere Liebe wachsen muß, um das geistige, seelische und körperliche Wohlbefinden zu erlangen, denn Liebe, die nicht auf Gegenliebe stößt, kann sich nicht entfalten. Die echte Liebe lobt und preist Gott durch das Hohelied der Liebe. Das ganze Ausmaß der menschlichen Liebe kann man nicht mit menschlichen Maßstäben messen, sondern nur mit göttlichen, da auch der Same, dem sie entspringt und die Umstände, unter denen sie reifen kann, göttlichen Ursprungs sind. Durch die echte Liebe verwandelt sich alles Bittere und Schwere in eine Sprosse, die uns der Verwirklichung des tief in uns schlummernden Wunsches, Gott ähnlich zu werden, immer näher bringt.

4. „Wie der Hirsch lechzt nach frischem Wasser, so lechzt meine Seele, Gott, nach dir.

Meine Seele dürstet nach Gott, nach dem lebendigen Gott. Wann darf ich kommen, um Gottes Antlitz zu schauen?

Tränen waren mein Brot bei Tag und bei Nacht; denn man sagt zu mir den ganzen Tag: ‚Wo ist nun dein Gott?'

Das Herz geht mit über, wenn ich daran denke: wie ich zum Haus Gottes zog in festlicher Schar, mit Jubel und Dank in feiernder Menge.

Meine Seele, warum bist du so betrübt und bist so unruhig in mir?

Harre auf Gott; denn ich werde ihm noch danken, meinem Gott und Retter, auf den ich schaue." (Ps 42, 2—6)

Freude und Liebe entdecken

1. „Liebe Kinder! Ich lade euch ein, euch Gott zu öffnen. Seht, meine lieben Kinder: Wie sich die Natur öffnet und Leben und Frucht hervorbringt, so lade auch ich euch zum Leben mit Gott und zur vollkommenen Hingabe an Ihn ein. Meine lieben Kinder, ich bin bei euch und will euch unaufhörlich in die Freude des Lebens hineinführen. Ich wünsche, daß jeder von euch die Freude und die Liebe entdecke, die sich nur in Gott finden und

die nur Gott geben kann. Gott wünscht nichts anderes von euch als eure Hingabe. Deshalb, meine lieben Kinder, entscheidet euch ernstlich für Gott, denn alles andere ist vergänglich! Gott allein ist nicht vergänglich. Betet, damit ihr die Größe und die Freude des Lebens entdeckt, die Gott euch gibt! — Danke, daß ihr meinem Ruf gefolgt seid!" (25. 5. 1989)

2. Gott ist das unvergängliche Leben. Darum ist Er auch die Liebe und die Freude. Der Mensch ist so geschaffen, daß er die Liebe und die Freude so dringend braucht wie das tägliche Brot. Wenn auch ein Geschöpf Gottes, so strebt der Mensch dennoch nach dem unvergänglichen, dem ewigen Leben, dem auch der Tod nichts mehr anhaben kann. Der Mensch befindet sich jedoch auf Erden in einer scheinbar ausweglosen Situation. Er vermag die Fesseln des Todes nicht zu sprengen, und sein Herz wird bang bei dem Gedanken, daß seine innigsten Wünsche, insbesondere der Wunsch zu leben, unerfüllt bleiben sollten. Alles, woran sein Herz hängt, entgleitet ihm letztendlich aus den Händen und seine Hoffnungen zerschlagen sich. Wer seine Gedanken nur auf das irdische Leben konzentriert, ist wahrlich nicht zu beneiden.

3. Maria kennt unsere Situation, denn auch sie hat ja auf Erden gelebt. Sie aber hat in Gott ihren wahren Halt gefunden und erkannt, wie das Leben mit Liebe und Freude gelebt werden kann. Gott hat

alles Leben erschaffen, und selbst der Tod kann das Leben nicht auslöschen. Das drückt auch das Wort „Amen“ aus, das wir besonders am Ende unserer Gebete aussprechen. „Amen“ kommt aus dem Hebräischen und bedeutet: Fest verankert sein, nahe an der Quelle des Lebens sein, keiner Gefahr ausgesetzt sein. Versinnbildlicht wird das Wort durch die Darstellung der Mutter, die ihr Kind an ihre Brust drückt. Wenn der Mensch in Gott ruht, dann wird ihn auch der Tod wieder nur zum neuen Leben führen. In dieser vergänglichen, dem Verfall preisgegebenen Welt, garantiert der ewige Gott unsere eigene Unvergänglichkeit. Gott will, daß wir uns in Seine Obhut begeben, so wie sich auch ein Kind in die Arme seiner Mutter oder seines Vaters flüchtet.

Maria gab uns diese Botschaft im Mai — in jenem Monat, da die Natur aus ihrem Winterschlaf und ihrer Lethargie zu neuem Leben erwacht, um Früchte hervorzubringen für die Geschöpfe dieser Erde. Damit die Früchte reifen können, bedürfen sie der Sonne. Ohne Sonnenlicht wird jede Saat absterben. Maria verwendet in dieser Botschaft die erblühende Natur als Metapher, die den Menschen anregen und ihm helfen soll, sich der Liebe und der Freude zu öffnen. Gott ist es, der uns das Leben spendet. Unser Leben ist ein großes Geschenk des lebendigen Gottes und dafür gebührt Ihm Dank, Ruhm und Ehre.

4. „Jubelt Gott zu, er ist unsere Zuflucht; jauchzt dem Gott Jakobs zu! Stimmt an den Gesang, schlagt die Pauke, die liebliche Laute, dazu die Harfe!

Stoßt in die Posaune am Neumond und zum Vollmond, am Tag unseres Festes! . . . Eine Stimme hörte ich, die ich noch nie vernahm: Seine Schulter hab ich von der Bürde befreit, seine Hände kamen los vom Lastkorb. Du riefst in der Not, und ich riß dich heraus; ich hab dich aus dem Gewölk des Donners erhört, an den Wassern von Meriba geprüft. Höre, mein Volk, ich will dich mahnen! Israel, wolltest du doch auf mich hören! Für dich gibt es keinen anderen Gott. Du sollst keinen anderen Gott anbeten. Ich bin der Herr, dein Gott, der dich heraufgeführt hat aus Ägypten. Tu deinen Mund auf! Ich will ihn füllen. . .

Ich würde mein Volk nähren mit bestem Weizen und mit Honig aus dem Felsen sättigen." (Ps 81, 2—4, 6b—11, 17)

Die Zeit der Gnade

1. „Liebe Kinder! Heute rufe ich euch alle auf, die Botschaften zu leben, die ich euch in den vergangenen acht Jahren gegeben habe. Diese Zeit ist eine Zeit der Gnade, und ich wünsche, meine lieben Kinder, daß die Gnade Gottes für jeden einzel-

nen groß sei. Ich segne euch und liebe euch mit einer besonderen Liebe. — Danke, daß ihr meinem Ruf gefolgt seid!" (25. 6. 1989)

2. Seit dem Zeitpunkt der ersten Erscheinung sind nun acht Jahre vergangen. Diese Zeitspanne ist als besonders kostbar und gnadenreich zu erachten, weil Maria, unsere Lehrerin und die Mutter allen Lebens, während dieser Zeit bei uns war, um für uns von Gott die Gnade zu erbitten. Gnade erfahren bedeutet, mit Gott, aber auch mit den Menschen in Frieden und Eintracht vereint zu sein, und somit ist „Gnade" nur ein Synonym für den Frieden. Die Gottesmutter wünscht, daß die Gnade Gottes für jeden einzelnen groß sei. Christus hat die Gnade für uns erfochten, Maria erbittet sie für uns, und an uns Menschen liegt es nun, sich der Gnade zu öffnen, und sie wird auf uns herabströmen.

3. Maria segnet uns — insbesondere an Marienfeiertagen oder zu anderen besonderen Anlässen, wie etwa an diesem achten Jahrestag ihrer Erscheinung. Der lateinische Ausdruck „benedicere" bedeutet: Gutes reden, Gutes wünschen, Gutes denken und somit Gutes tun — kurzum, eine gute Atmosphäre um sich herum schaffen. Maria segnet uns, und das bedeutet, daß sie vor Gott für uns bittet, uns verteidigt und uns nicht verurteilt.

Indem sie sich für uns einsetzt, offenbart sie uns ihre Liebe. Sie kämpft, in Sonnenlicht getaucht, das Haupt mit Sternen gekrönt und die Mondsichel unter ihren Füßen, gegen den Satan, dessen Bestreben es ist, zu verurteilen, anzuklagen, schlechtzumachen und zu zerstören und der sich über unsere Verdammnis freut. Was uns die Gottesmutter in ihrer Lebensschule beibringen will, kann mit dem Wort „segnen“ zusammengefaßt werden. Wer fähig ist, sich selbst und seinen Mitmenschen, Gott und die Natur zu segnen, ist auch fähig zu lieben. Wer seine Familie, die Gemeinde, die Kirche uns sein Volk segnet, setzt sich voll Liebe für den anderen ein und schafft die Basis für eine gesunde Beziehung. Er verbreitet Licht, Frieden, Hoffnung und Freude. Maria segnet uns zu Beginn ihres neunten Erscheinungsjahres. Sie vermittelt uns das Gefühl der Sicherheit und gibt uns die Kraft, neu zu beginnen und das Leben und die Arbeit auch in Zukunft voll guten Willens zu meistern.

4. „Der Herr sprach zu Mose: Sag zu Aaron und seinen Söhnen: So sollt ihr die Israeliten segnen; sprecht zu ihnen:

Der Herr segne dich und behüte dich.

Der Herr lasse sein Angesicht über dich leuchten und sei dir gnädig.

Der Herr wende sein Angesicht dir zu und schenke dir Heil.

So sollen sie meinen Namen auf die Israeliten legen, und ich werde sie segnen.“ (Num 6, 22—27)

Ich liebe Euch und will Euch alle zum Frieden hinführen

1. „Liebe Kinder! Heute lade ich euch zum Frieden ein. Als Königin des Friedens bin ich hierher gekommen und möchte euch mit meinem mütterlichen Frieden bereichern. Liebe Kinder, ich liebe euch und möchte euch alle zum Frieden hinführen, den nur Gott gibt und der jedes Herz bereichert. Ich rufe euch auf, Träger und Zeugen meines Friedens in dieser friedlosen Zeit zu werden. Der Friede soll in der ganzen Welt, die friedlos ist und sich nach dem Frieden sehnt, zu herrschen beginnen. Ich segne euch mit meinem mütterlichen Segen! — Danke, daß ihr meinem Ruf gefolgt seid!" (25. 7. 1990)

2. Wie wichtig und schwerwiegend diese Botschaft ist, können wir nur ermessen, wenn wir uns die Not und das Elend auf dieser Welt vor Augen führen. Diese Botschaft wurde unmittelbar vor dem Angriff des Irak auf Kuwait, der die Welt in Angst und Schrecken versetzt und eine echte Krise hervorgerufen hat, gegeben. Einige Monate später, exakt im Jänner 1991, begann der Krieg. Gleichzeitig kam es auch in Kroatien zu Spannungen, und während viele meinten, ja, felsenfest davon überzeugt waren, daß ein Krieg undenkbar wäre, weil es doch „genug besonnene Köpfe gäbe", kam es sowohl in Kuwait als auch in Kroatien und Bosnien-

Herzegowina zum Krieg — und zwar zu einem Krieg, der in puncto Haß, Tötung und Zerstörung alle bisherigen Kriege bei weitem übertraf. Diesen Kriegen fielen unzählige unschuldige Menschen zum Opfer, Kirchen und Heiligtümer wurden geschändet und Spitäler, Schulen und Wohnhäuser zerstört. Bestens ausgerüstete Armeen griffen unbewaffnete Menschen an, zerstörten ihr nationales Eigentum, und nur, um auf Kosten anderer das eigene Territorium zu vergrößern.

3. Maria liebt uns, und daher appelliert sie an unsere Friedensgesinnung. Sie ruft zum Gebet und zum Fasten für den Frieden auf. Sie will uns mit ihrem mütterlichen Frieden erfüllen und uns zu Zeugen des Friedens machen. Diese Welt sehnt sich nach Frieden, aber die Menschen sind nicht fähig, die Basis dafür zu schaffen. Maria schenkt uns ihren mütterlichen Segen und das heißt, daß sie uns als Mutter schützen und vor der Vernichtung bewahren will. Niemand kann das Leben mehr lieben als eine Mutter, und niemand strebt auch mehr danach, es zu beschützen. Wir alle sind Kinder der Gottesmutter, und daher will sie auch unser aller Frieden. Wenn uns Maria zum Frieden aufruft, appelliert sie gleichzeitig an unsere Bereitschaft, das Leben mit Liebe zu schützen und zu achten. Wer diesen Appell befolgt, bekennt sich auch zu Gott, der jeden einzelnen, die Familien, die Kirche und die ganze Welt mit Seinem Frieden

erfüllen will — heute, morgen und bis in alle Ewigkeit. Das Ziel ist gesteckt, der Weg gangbar, und der Mensch muß sich nur entscheiden, ihn auch zu gehen.

4. „Ich will hören, was Gott redet: Frieden verkündet der Herr seinem Volk und seinen Frommen, den Menschen mit redlichem Herzen. Sein Heil ist denen nahe, die ihn fürchten. Seine Herrlichkeit wohne in unserm Land. Es begegnen einander Huld und Treue; Gerechtigkeit und Friede küssen sich. Treue sproßt aus der Erde hervor; Gerechtigkeit blickt vom Himmel hernieder. Auch spendet der Herr dann Segen, und unser Land gibt seinen Ertrag. Gerechtigkeit geht vor ihm her, und Heil folgt der Spur seiner Schritte." (Ps 85, 9—14)

Mit Liebe und aus Liebe

1. „Liebe Kinder! Heute rufe ich euch auf, Werke der Barmherzigkeit mit Liebe und aus Liebe zu mir und zu euren und meinen Brüdern und Schwestern zu tun. Liebe Kinder, alles, was ihr für die anderen tut, tut es mit großer Freude und Demut Gott gegenüber. Ich bin mit euch und bringe Tag für Tag Opfer und Gebete Gott für die Rettung der Welt dar. — Danke, daß ihr meinem Ruf gefolgt seid!" (25. 11. 1990)

2. Für jeden Christen ist allein das Maß der barmherzigen Liebe entscheidend. Eine der konkretesten Forderungen, die Christus an uns stellt, ist: Übt barmherzige Liebe. An dieser Liebe wird Christus Seine Anhänger erkennen und ihnen ein Leben in der ewigen barmherzigen Liebe Gottes schenken. Jenen aber, die sich Christen genannt und in Seinem Namen barmherzige Liebe gepredigt haben, ohne selbst barmherzige Liebe walten zu lassen, wird dieses Leben verwehrt bleiben.

3. Maria lehrt uns Werke der Barmherzigkeit zu üben. Es genügt ja nicht, etwas zu tun, entscheidender ist vielmehr, in welcher Weise etwas getan wird. Was wir für andere tun, muß aus Liebe und mit Liebe getan werden. Wenn wir anderen nicht mit Liebe und aus Liebe helfen, demütigen wir die, denen wir unsere Hilfe angedeihen lassen, während unser Hochmut und unsere Selbstgefälligkeit Nahrung erhalten. Wer in Demut Taten der Barmherzigkeit vollbringt, weiß auch, daß er alles von Gott und durch die Hilfe seiner Mitmenschen erhalten hat. Darum müssen auch wir alles, was wir entbehren können, unseren notleidenden Brüdern und Schwestern zur Verfügung stellen. Maria regt uns aus Liebe und aus Dankbarkeit gegenüber Gott dazu an, barmherzige Liebe zu üben, damit Egoismus und Geiz in uns nicht überhandnehmen und wir uns einst nicht rechtfertigen müssen, weil wir gegen die göttlichen Regeln verstoßen haben.

Wir dürfen den in der Botschaft verwendeten Ausdruck „eure und meine Brüder und Schwestern“ nicht unberücksichtigt lassen. Maria ist nicht nur unsere Mutter, Lehrerin, Fürsprecherin und Wegbereiterin, sondern auch unsere Schwester. Sie ist unsere Mutter, denn Jesus hat uns, als Er am Kreuze hing, in ihre Hände gelegt und sie gebeten, uns als Kinder anzunehmen. Sie ist unsere Lehrerin, denn sie lehrt uns zu beten und unser Leben nach dem Glauben auszurichten. Sie ist unsere Schwester, denn auch sie, die liebste und schönste Tochter und Magd Gottes, hat Ihn Vater genannt.

Was wir tun, soll mit Liebe und aus Liebe, aber auch freudigen Herzens getan werden. Die Freude wird dann aufkommen, wenn der Mensch erkannt hat, daß er seine Werke und seine Worte mit seinem Gewissen vereinbaren kann und er somit nach dem Willen Gottes handelt.

4. „Wir danken Gott, dem Vater Jesu Christi, unseres Herrn, jedesmal, wenn wir für euch beten. Denn wir haben von eurem Glauben an Jesus Christus gehört und von der Liebe, die ihr zu allen Heiligen habt, weil im Himmel die Erfüllung eurer Hoffnungen für euch bereitliegt. Schon früher habt ihr davon gehört durch das wahre Wort des Evangeliums, das zu euch gelangt ist. Wie in der ganzen Welt, so trägt es auch bei euch Frucht und wächst seit dem Tag, an dem ihr den Ruf der gött-

lichen Gnade vernommen und in Wahrheit erkannt habt.“ (Kol 1, 3—6)

Erneuert die Liebe zu Jesus

1. „Liebe Kinder! Auch heute lade ich euch ein, das Leiden Jesu im Gebet und in der Einheit mit Ihm zu leben. Entscheidet euch, Gott, der euch diese Tage der Gnade geschenkt hat, mehr Zeit zu schenken. Deshalb, liebe Kinder, betet und erneuert auf besondere Weise die Liebe zu Jesus in eurem Herzen. Ich bin mit euch und begleite euch mit meinem Segen und meinen Gebeten. — Danke, daß ihr meinem Ruf gefolgt seid!“ (25. 3. 1991)

2. Die Fastenzeit ist angebrochen, und wir erinnern uns daran, mit welcher Liebe Christus für uns gelitten hat. Es sollte uns aber auch bewußt werden, daß es nicht das Leiden an sich war, das uns das Heil gebracht hat, sondern die Liebe, mit der Christus die Qualen und das Kreuz auf sich genommen hat. So wie die Taten der Nächstenliebe erst zu Taten der Barmherzigkeit werden, wenn sie freudig, demütig, mit Liebe und aus Liebe begangen werden, hat uns auch Christus erst dadurch erlöst, daß Er Sein Kreuz mit Liebe getragen hat. Er hat die Frauen von Jerusalem aufgefordert, nicht Ihn zu beweinen, sondern sich selbst und die eigenen Kinder, die einer Umkehr bedürfen. Diese Aufforderung gilt auch für uns. Wenn

wir in der Fastenzeit der Leiden Christi gedenken, so sollten wir Ihn nicht beweinen, sondern unsere Liebe zu Ihm erneuern. Die Fastenzeit liefert uns neue Impulse, um in der Liebe zu wachsen, das eigene Kreuz mit Liebe zu tragen und die eigenen Qualen mit Liebe zu erdulden. Nur das Opfer, das mit Liebe dargebracht wurde, wird für unser ewiges Leben von Bedeutung sein.

3. Maria kennt das Leben hier auf Erden und sie will uns dazu erziehen. Sie hat erkannt, daß erst im Leid wahre Freundschaft geschlossen wird und die Liebe reifen kann. Wenn wir uns die Leiden Christi vor Augen führen, wird auch unsere Liebe zu Ihm wachsen und uns befähigen, das eigene Kreuz und Leid zu tragen, zu unserem Heil und zur Ehre Gottes. Wenn wir bedenken, mit welcher Liebe Christus Seine Qualen auf sich genommen hat, so dringen wir in das Geheimnis der Liebe ein und erhalten die Kraft, ein christenwürdiges Leben zu führen. Wer vor seinem geistigen Auge die Leiden Christi ablaufen läßt, Ihm begegnet und Ihm seine Zeit widmet, wird die wahre Liebe entdecken und unaufhörlich in ihr wachsen. Der Preis der wahren Liebe ist das Leid. Je mehr der Mensch liebt, desto mehr muß er leiden. Und dennoch: Die schönste Frucht, die das Leiden hervorbringen kann, ist die Liebe.

4. „Vor seinen Augen wuchs er auf wie ein junger Sproß, wie ein Wurzeltrieb aus trockenem Boden.

Er hatte keine schöne und edle Gestalt, so daß wir ihn anschauen mochten. Er sah nicht so aus, daß wir Gefallen fanden an ihm. Er wurde verachtet und von den Menschen gemieden, ein Mann voller Schmerzen, mit Krankheit vertraut. Wie einer, vor dem man das Gesicht verhüllt, war er verachtet; wir schätzten ihn nicht. Aber er hat unsere Krankheit getragen und unsere Schmerzen auf sich geladen. Wir meinten, er sei von Gott geschlagen, von ihm getroffen und gebeugt. Doch er wurde durchbohrt wegen unserer Verbrechen, wegen unserer Sünden zermalmt. Zu unserem Heil lag die Strafe auf ihm, durch seine Wunden sind wir geheilt ... Nachdem er so vieles ertrug, erblickt er das Licht. Er sättigt sich an Erkenntnis. Mein Knecht, der gerechte, macht die vielen gerecht; er lädt die Schuld auf sich. Deshalb gebe ich ihm seinen Anteil unter den Großen, und mit den Mächtigen teilt er die Beute, weil er sein Leben dem Tod preisgab und sich unter die Verbrecher rechnen ließ. Denn er trug die Sünden von vielen und trat für die Schuldigen ein." (Jes 53, 2—5 u. 11—12)

Mit Ernst und Liebe

1. „Liebe Kinder! Heute lade ich euch alle ein, die ihr meine Botschaft des Friedens gehört habt, daß ihr sie ernsthaft und mit Liebe im Leben verwirklicht. Viele sind es, die glauben, viel zu tun, indem

sie über die Botschaft reden, sie aber nicht leben. Ich lade euch, liebe Kinder, zum Leben ein und zur Veränderung all dessen, was in euch negativ ist, damit sich alles zum Positiven und zum Leben wandle. Liebe Kinder, ich bin mit euch und wünsche jedem von euch zu helfen, daß er lebe und die frohe Botschaft im Leben bezeuge. Ich bin hier, liebe Kinder, um euch zu helfen und um euch in den Himmel zu führen. Im Himmel ist Freude; durch sie könnt ihr ihn jetzt schon leben. — Danke, daß ihr meinem Ruf gefolgt seid!" (25. 5. 1991)

2. Diese Botschaft wurde einen Monat vor Beginn des Krieges im ehemaligen Jugoslawien übermittelt. Der Krieg brach am 26. 6. 1991 in Slowenien aus, griff auf Kroatien und schließlich auf Bosnien-Herzegowina über. Die Gottesmutter kam nicht auf die Erde, um eine Chronik des Krieges zu führen, aber angesichts ihrer Botschaften erscheinen uns die Ereignisse in einem anderen Licht und lassen uns begreifen, wie immens wichtig diese Botschaft, in der wir aufgerufen sind, den Frieden mit Ernst und Liebe zu verwirklichen, ist.

Wir alle sind Zeugen dessen, wieviel Böses, Haß und Rachsucht sich in den Herzen der Menschen angesammelt hat. Die serbischen Aggressoren schütten nicht nur Salz in bereits vorhandene Wunden, sondern fügen ihren Opfern unablässig neue zu. So ist es nur begreiflich, daß es zu diesem schrecklichen Krieg kommen mußte, so wie auch schwere Regenwolken einen Regenguß zur Folge haben. Während die serbischen Politiker ständig von Frieden sprachen, bereiteten sie den Krieg vor. In Kroatien breitete sich indessen Unsicherheit und Angst aus, wußte man doch, daß man im Falle eines Krieges unbewaffnet gegen eine bestens ausgerüstete Armee zu kämpfen hätte.

3. Maria verfolgt als Mutter unsere Situation, und sie will uns den optimalen Weg zeigen, der zur Lösung dieses Problems führt: Sich von allem Bösen befreien und dabei bei sich selbst beginnen. Dann wird jeder imstande sein, Freude und Frieden zu erleben und wird mit Freude den Frieden wahren. Die geistige Überwindung des Bösen könnte Kriege verhindern, die ja die schrecklichste Frucht dessen sind, was der Haß im Herzen der Menschen sät. Viele haben den Botschaften der Gottesmutter kein Gehör geschenkt. Sie haben den Ernst der Lage nicht erkannt und deshalb auch nicht versucht, durch den Einsatz ihrer Liebe die Situation zu ändern. Während die Botschaften an verschlossenen Herzen abprallten, konnte der Haß überhandnehmen und dem Krieg und der Zerstörung den Weg ebnen. Das Böse war besser organisiert als das Gute. Haß kann eine größere Wirkung entfalten als Liebe und Rachsucht vereitelt den Traum vom Frieden. Maria ruft uns auf, unser

Leben zu ändern, damit sich das Böse zum Guten kehrt. Änderung und Umkehr bedeuten eine Abkehr von der Sünde und ihren negativen Auswirkungen und führen zum Guten. Das Gute wird uns aber zum Frieden und zur Freude führen.

Wenn erst der Krieg zu Ende ist, wird diese Botschaft noch größere Aktualität erlangen, und zwar nicht nur für jene, die den Krieg überlebt haben, sondern auch für alle anderen Menschen, die sich in Konfliktsituationen befinden, die nicht vergeben können, die von jemandem oder von etwas abhängig sind oder die einfach die Hoffnung verloren haben. Alle diese Phänomene sind Folgen der Sünde. Wir alle sind aber aufgerufen, Konflikte einzudämmen und Zerstörung zu vermeiden. Wenn wir diesen Aufruf befolgen, werden Kriege nicht mehr ausbrechen können.

4. „Die elf Jünger gingen nach Galiläa auf den Berg, den Jesus ihnen genannt hatte. Und als sie Jesus sahen, fielen sie vor ihm nieder. Einige aber hatten Zweifel. Da trat Jesus auf sie zu und sagte zu ihnen: Mir ist alle Macht gegeben im Himmel und auf der Erde. Darum geht zu allen Völkern, und macht alle Menschen zu meinen Jüngern; tauft sie auf den Namen des Vaters und des Sohnes und des Heiligen Geistes, und lehrt sie, alles zu befolgen, was ich euch geboten habe. Seid gewiß: ich bin bei euch alle Tage bis zum Ende der Welt." (Mt 28, 16—20)

Euer Herz sei die Quelle der Liebe

1. „Liebe Kinder! Auch diesmal rufe ich euch zum Gebet auf. Betet, damit ihr begreifen könnt, was euch Gott durch meine Gegenwart und durch die Botschaften, die ich euch gebe, sagen möchte. Ich möchte euch alle immer näher zu Jesus und Seinem verwundeten Herzen bringen, damit ihr Seine unermeßliche Liebe begreifen könnt, die sich für jeden von euch geschenkt hat. Deshalb, liebe Kinder, betet, damit aus eurem Herzen eine Quelle der Liebe auf jeden Menschen zu fließen beginnt — auch auf jenen, der euch haßt und verachtet. So werdet ihr mit der Liebe Jesu das ganze Elend in dieser traurigen Welt besiegen können, die ohne Hoffnung ist für diejenigen, die Jesus nicht kennen. Ich bin mit euch und liebe euch mit der unermeßlichen Liebe Jesu. Danke für alle Opfer und Gebete! Betet, damit ich euch noch mehr helfen kann! Eure Gebete sind mir notwendig. — Danke, daß ihr meinem Ruf gefolgt seid!“ (25. 11. 1991)

2. Das Kreuz Christi ist ein Zeichen dafür, wie sehr Christus uns geliebt hat. Sein verwundetes Herz symbolisiert auf besondere Weise die Liebe, die das Leid auf sich nimmt. Es gibt Augenblicke, da erreichen den von Schmerz und Leid geplagten Menschen Worte des Trostes nicht mehr. Das einzige, was er noch zu ertragen vermag, ist die Nähe

geliebter Menschen. Das sind die Augenblicke, in denen auch die besten Freude nicht mehr die Kraft aufbringen, aufzumuntern und Trost zuzusprechen. Sie bleiben stumm und drücken auf diese Weise ihre Liebe aus.

Diese Botschaft wurde zu einem Zeitpunkt gegeben, da in Ostslawonien, insbesondere in Vukovar, unsägliches Leid herrschte. Die Stadt war völlig zerstört. Tausende Menschen, darunter Frauen, Kinder, Alte, Gebrechliche und Kranke wurden getötet oder als Gefangene in serbische Lager verschleppt. Die Würde des kroatischen Volkes wurde mit Füßen getreten und die kroatische Seele zutiefst verletzt. Die Menschen mußten weinenden Auges zusehen, wie alles auf brutalste Weise zerstört und vernichtet wurde. Unter den Überlebenden herrschte tiefste Trauer, aber auch Angst vor dem Aggressor, der seine Vorhaben mit Gewalt realisierte. Die Situation war zu schrecklich, um sie mit Worten zu beschreiben.

3. In dieser Botschaft spricht Maria besonders zärtlich zu uns. Sie fordert uns auf, sich enger an das verwundete Herz Christi zu schließen, das uns unendlich liebt. Nur so können wir gesunden und unser Herz wird zur Quelle der Liebe, des Trostes und der Hoffnung für unsere Mitmenschen. Sie fordert uns auf, mit ganzem Herzen auch jene zu lieben, die uns hassen und verschmähen. Allein die Liebe vermag Trauer in Freude umzuwandeln

und alle Mißstände aus der Welt zu schaffen. Menschen, die Christus nicht kennen und somit auch nicht die Liebe, das Licht und das Leben, befinden sich in einem äußerst bejammernswerten Zustand. Durch die Liebe Christi werden jedoch auch sie aus ihrer mißlichen Lage befreit werden.

Wir müssen unser Leid mit Liebe tragen und es Gott darbringen.

Der Krieg wird einmal zu Ende gehen. Die Toten werden begraben sein und man wird ihren Verlust überwunden haben. Die Städte werden neu aufgebaut werden und das Leben wird weitergehen. Der Inhalt dieser Botschaft wird indessen so lange seine Gültigkeit bewahren, so lange es noch Erniedrigte, Ausgestoßene und Unterdrückte gibt, und die wird es immer geben. Immer werden sich Menschen finden, die andere demütigen, ablehnen oder tyrannisieren. Der beste Weg und die sicherste Methode zur Beseitigung dieser Mißstände ist die ständige Anlehnung an Christus, der uns Seine Liebe schenkt und uns den Weg durch das Leid weist. In Seiner Nähe wird sich unser Herz erneuern und zu einer Quelle der Liebe werden. Das ist es auch, was Maria wünscht.

4. „Deine heiligen Städte sind zur Wüste geworden. Zion ist eine Wüste, Jerusalem eine Öde. Unser heiliger, herrlicher Tempel, wo unsere Väter dich priesen, ist ein Raub der Flammen geworden; alles, was uns lieb war, liegt nun in Trümmern.

Kannst du dich bei all dem zurückhalten, Herr, kannst du schweigen und uns so sehr erniedrigen?" (Jes 64, 9—11) „Also kamen die Soldaten und zerschlugen dem ersten die Beine, dann dem anderen, der mit ihm gekreuzigt worden war. Als sie aber zu Jesus kamen und sahen, daß er schon tot war, zerschlugen sie ihm die Beine nicht, sondern einer der Soldaten stieß ihm mit der Lanze in seine Seite, und sogleich floß Blut und Wasser heraus." (Joh 19, 32—34)

Der Segen des Friedens und der Liebe

1. „Liebe Kinder! Heute bringe ich euch auf besondere Weise den kleinen Jesus dar, damit Er euch mit Seinem Segen des Friedens und der Liebe segne. Liebe Kinder, vergeßt nicht, daß dies eine Gnade ist, die viele Menschen nicht begreifen und annehmen. Deshalb gebt ihr, die ihr gesagt habt, daß ihr mir gehört und meine Hilfe sucht, alles von euch. Zuerst gebt eure Liebe und euer Beispiel in euren Familien. Ihr sagt, daß Weihnachten ein Familienfeiertag ist; deshalb, liebe Kinder, gebt Gott in euren Familien den ersten Platz, damit Er euch den Frieden gibt, und damit Er euch nicht nur vor dem Krieg, sondern auch im Frieden vor jeder satanischen Versuchung schützt. Wenn Gott mit euch ist, habt ihr alles, aber wenn ihr Ihn nicht wollt, seid ihr armselig und verloren, und

wißt nicht, auf wessen Seite ihr seid. Deshalb, liebe Kinder, entscheidet euch für Gott, und dann werdet ihr alles bekommen. — Danke, daß ihr meinem Ruf gefolgt seid!“ (25. 12. 1991)

2. Weihnachten — Maria bringt uns Jesus, der uns Seinen Segen der Liebe und des Friedens gibt. Gerade in diesen Tagen des Krieges brauchen wir nichts dringender als den Segen des Friedens und der Liebe. Der Friede ist wichtiger als die Gesundheit, ein Dach über dem Kopf oder die Freiheit. Wem kein Segen der Liebe und der Freiheit zuteil wird, der ist blind für das, was er besitzt und er wird unglücklich sein inmitten aller Reichtümer. Das ist ärger, als nichts zu besitzen. Und wie groß ist auch die Zahl derer, die gesund sind und alles besitzen, aber in Unfrieden leben und der Liebe nicht fähig sind und darunter leiden. Sie zerstören sowohl ihr eigenes Leben als auch das Leben anderer. Der Segen des Friedens und der Liebe wird uns allerdings nur dann zuteil, wenn Gott im Herzen des einzelnen und in der Familie den ersten Platz einnimmt. Wenn Gott den ersten Platz einnimmt, dann wird in unserem Herzen, in jeder Familie, in der Kirche und in der ganzen Welt Liebe und Frieden herrschen.

Der Krieg ist furchtbar. Er stürzt uns in Finsternis und macht uns erst deutlich, wie wichtig das Licht ist. Angesichts des Hasses wird uns erst bewußt, wie dringend wir der Liebe bedürfen. Krieg bedeutet Zerstörung und Vernichtung, und wir erkennen, wie vergänglich doch das Leben ist und wie rasch das Werk unserer Hände verfällt. Der Krieg läßt uns endlich begreifen, daß wir den Schutz Gottes brauchen.

Auch die Zeit nach dem Krieg wird nicht leicht werden. Haß wird die Herzen für lange Zeit verschließen, und Rachsucht wird aufkeimen, weil Trauer und Hoffnungslosigkeit die Menschen befallen wird, die ihre Lieben verloren haben. Auch in Friedenszeiten werden die Menschen von den Plänen des Teufels nicht verschont bleiben. Der Satan wird die Gunst der Stunde zu nutzen wissen und wird das Böse in die Herzen säen. Wehren kann sich der Mensch nur dadurch, daß er sein Herz Gott öffnet und zuläßt, daß Er es beschützt.

3. In dieser Botschaft entdecken wir das Wichtigste, das uns Maria klarmachen will: Gott bedeutet für uns alles. Ohne Ihn sind wir arm und klein, wir leben in Finsternis ohne jeglichen Schutz. Jede zerstörerische Kraft — sei es, daß sie von uns ausgeht oder auch von anderen — kann uns vernichten. Darum ruft uns Maria auf, daß wir uns bewußt und aus Eigenverantwortung für Gott entscheiden sollen. Das ist der erste Schritt auf dem Weg zur Erlösung. Gott hat mit der Geburt Seines Sohnes den ersten Schritt gesetzt. Er ist unter uns geblieben, damit wir uns für Ihn entscheiden können. Auf Seiner Seite zu stehen bedeutet, den Weg

durch das Leben zu kennen und sich des Lebenszieles bewußt zu sein. Gott geht unseren Weg mit uns. Wenn wir zulassen, daß er uns begleitet und wir uns Seiner Führung anvertrauen, wird sich alles zum Guten wenden.

4. „Ich danke Gott jederzeit euretwegen für die Gnade Gottes, die euch in Christus Jesus geschenkt wurde, daß ihr an allem reich geworden seid in ihm, an aller Rede und aller Erkenntnis. Denn das Zeugnis über Christus wurde bei euch gefestigt, so daß euch keine Gnadengabe fehlt, während ihr auf die Offenbarung Jesu Christi, unseres Herrn, wartet. Er wird euch auch festigen bis ans Ende, so daß ihr schuldlos dasteht am Tag Jesu, unseres Herrn. Treu ist Gott, durch den ihr berufen worden seid zur Gemeinschaft mit seinem Sohn Jesus Christus, unserem Herrn." (1 Kor 1, 4—9)

Eine Oase des Friedens, der Güte und der Liebe

1. „Liebe Kinder! Heute — wie nie zuvor! — rufe ich euch auf, daß ihr meine Botschaften lebt, und daß ihr sie in eurem Leben verwirklicht. Ich bin zu euch gekommen, um euch zu helfen, und deshalb rufe ich euch auf, euer Leben zu ändern, denn ihr habt einen beklagenswerten Weg eingeschlagen — den Weg des Verderbens. Als ich zu euch

sprach: ‚Kehrt um! Betet! Fastet! Versöhnt euch!‘ habt ihr diese Botschaft oberflächlich angenommen. Ihr habt angefangen, sie zu leben, aber ihr habt es aufgegeben, weil es zu schwer für euch war. Nein, liebe Kinder! Wenn etwas gut ist, sollt ihr im Guten verharren und nicht denken: ‚Gott sieht mich nicht, hört nicht, hilft nicht!‘ Und so habt ihr euch wegen eures beklagenswerten Interesses von Gott und von mir entfernt. Ich wollte durch euch eine Oase des Friedens, der Liebe und der Güte schaffen. Gott wollte, daß ihr durch eure Liebe und mit Seiner Hilfe Wunder wirkt und so ein Beispiel gebt. Deshalb sage ich euch folgendes: Der Satan spielt mit euch und euren Seelen, und ich kann euch nicht helfen, denn ihr seid weit weg von meinem Herzen. Deshalb betet, und lebt meine Botschaften! Dann werdet ihr Wunder der Liebe Gottes in eurem alltäglichen Leben sehen. — Danke, daß ihr meinem Ruf gefolgt seid!“ (25. 3. 1992)

2. Bis zum Ende ihres elften Erscheinungsjahres hat die Gottesmutter in 62 Donnerstags- und Monatsbotschaften von der Liebe gesprochen. Wir haben gemeinsam über die Botschaften nachgedacht und sind nun am Ende unserer Betrachtungen angelangt. Die Botschaft, die vor dem elften Jahrestag der Erscheinung und gleichzeitig unmittelbar vor Ausbruch des Krieges in Bosnien und der Herzegowina erfolgte, wurde von vielen als

Vorwurf und Tadel aufgefaßt. Maria hat ihr Banner elf Jahre vorangetragen, an unsere Friedensgesinnung appelliert und versucht, uns zur Liebe zu erziehen. Nun scheint es, als habe sie die Fahne auf Halbmast gesetzt. Sie spricht vom Scheitern ihrer Mission. Sie wirft uns vor, ihre Aufträge nur oberflächlich befolgt zu haben und nicht ausdauernd gewesen zu sein. Wir aber jammern und beschuldigen Gott, daß Er uns nicht sehen, nicht hören und uns nicht helfen will. Besondere Betroffenheit erweckte die Aussage Mariens, sie hätte durch uns eine Oase des Friedens, der Liebe und der Güte schaffen wollen, wir aber hätten den Weg des Verderbens gewählt, eine Richtung, die uns der Satan diktiert und die niemals zum Frieden führen kann. Wir haben die freie Entscheidungswahl. Wenn wir uns nicht klar für Gott entscheiden, kann Er nicht in uns wirken, und dann kann uns auch Maria nicht mehr helfen. Es liegt somit an uns, den ersten Schritt zu tun. Die Botschaften zu befolgen heißt nichts anderes, als zuzulassen, daß Gott wieder Wunder wirken kann.

3. Es kam zu einem schrecklichen, unerbittlichen Krieg, der unzählige Menschenopfer forderte und Häuser und Kirchen in Flammen aufgehen ließ. Er verursachte unter der Bevölkerung unendliches Leid, tiefe Trauer, panische Angst und fügte Wunden an Körper und Seele zu. Es stellt sich die Frage, ob dieser Krieg mit all seinen schrecklichen

Folgeerscheinungen durch Umkehr, Beten und Fasten zu verhindern gewesen wäre. Diese Frage läßt sich schwer beantworten. Nicht wenige meinen, dieser Krieg sei die Strafe dafür, daß wir nicht auf die Stimme Gottes gehört haben. Tatsache ist jedenfalls, daß dieser Krieg während der Erscheinung am 26. 6. 1981, also genau zehn Jahre vor seinem Ausbruch, vorausgesagt wurde. Während ihrer Erscheinung weinte die Gottesmutter und rief zum Beten und Fasten auf, um Kriege zu vermeiden. Noch nie war auf der Erde so viel gebetet worden wie damals. Gemeinsam mit den meisten Mitgliedern der Kirchengemeinde von Medjugorje beteten Menschen auf der ganzen Welt. Der Krieg kann also nicht die Antwort auf unser Gebet und unser Fasten sein. Die Antwort kann nur der Friede sein, und wir werden ihn alle als großes Geschenk empfinden. Vielleicht wäre der Krieg zu verhindern gewesen, hätten wir nur auf die Stimme Gottes gehört. Wenn viele auch immer noch nicht an das Erscheinen der Gottesmutter glauben, so sind sich in einem Punkt doch alle einig: Wir brauchen den Frieden. Und wir können ihn durch unsere Gebete erbitten.

Heute beweinen und betrauern wir die Toten, und wir können nur hoffen, daß uns dieser Krieg gelehrt hat, nach dem Frieden zu streben. Ich gebe dieses Buch aus meinen Händen und hoffe zutiefst, daß es in jedem Menschen den Wunsch wecken möge, Liebe zu schenken. Jeder möge sich wie eine Blüte im Frühling öffnen, damit Gott wirken kann, und dann wird auch der Friede einkehren. Es wird Gerechtigkeit herrschen und in der Familie, in der Kirche und in der ganzen Welt wird einer dem anderen die Hände reichen. Das Zeitalter Mariens wird angebrochen sein. Durch sie, die Königin des Friedens und der Propheten, wird Gott weiterwirken, und jeder von uns wird zu einer Oase des Friedens, der Güte und der Liebe werden. Amen.

4. „Der Herr des Friedens aber schenke euch den Frieden zu jeder Zeit und auf jede Weise. Der Herr sei mit euch allen." (2. Thess 3, 6)

Schlußbemerkung

1. Ich habe dieses Buch während der Kriegswirren in Bosnien geschrieben. Täglich wurde ich mit Haß und Rachsucht konfrontiert, und es häuften sich die Meldungen über Zerstörung, Mord und Gefangennahme. Mich verließ zuweilen der Mut und ich verlor den Willen, dieses Buch zu schreiben, denn es ist nicht leicht, von Liebe zu reden, während ringsum der Haß regiert, und noch schwerer ist es, Liebe walten zu lassen. Ich habe daher beschlossen, täglich für mich und meine Mitbrüder zu beten, damit wir alle der Liebe würdig werden und Liebe weitergeben können.

2. Als ich diese Zeilen schrieb, war ich sowohl traurig, als auch von Freude erfüllt. Es war mir von Tag zu Tag mehr bewußt geworden, daß wir alle noch sehr weit von der Liebe entfernt sind und daher ruhelos, unglücklich und traurig herumirren, andererseits fühlte ich, daß es trotz allem möglich sein muß, den Weg der Liebe und des Friedens zu gehen, wie es dem Willen Gottes entspricht. Er will uns auf diesem Weg begleiten und uns Seine Hilfe angedeihen lassen. Ich habe daher den Entschluß gefaßt, täglich um diese Hilfe zu beten und zu versuchen, die Grenzen der menschlichen Liebe, die nur von Instinkten geleitet wird, zu überschreiten. Mit Gott wird es möglich sein, denn Er kann in unserem Leben alles bewirken.

3. Ich danke auch Maria, der Mutter der Liebe, daß sie so lange Zeit bei uns geblieben ist. Einer ihrer Beweggründe war, uns die Liebe zu lehren. So appelliere ich im Namen der Mutter der Liebe an alle Menschen, sich mutig ihrer mütterlichen Liebe zu öffnen, damit wir uns alle in Frieden geborgen fühlen können und einst den ewigen Frieden in der Liebe Gottes erlangen.

Rosenkranz der Liebe und Gebet um Liebe

O, Gott, mein Vater, ich glaube an Deine ewige, unendliche Liebe. Du bist die Liebe. Dein Sohn, Jesus Christus, ist Dein Wort der Liebe und Dein Heiliger Geist ist das Band der Liebe, das uns verbindet.

Ich glaube, daß Du alles mit Liebe erschaffen hast und es mit Liebe lenkst. Ich glaube, daß Du uns Deine Liebe auch dann nicht entziehst, wenn wir sündigen Menschen, Deine Geschöpfe, uns von Dir abwenden und Deine Liebe ablehnen.

Ich glaube, daß Du aus Liebe die Propheten gesandt hast, um Dein Volk zu bekehren, und daß Du Deinen Sohn gesandt hast, damit Er durch Seine Liebe die Welt erlöst und allen Menschen Deine väterliche Liebe offenbart, insbesondere aber den Sündern. Ich glaube, daß Du, Vater, jeden Menschen liebst, denn jeder Mensch ist Dein Kind. Deine Liebe ist grenzenlos und unendlich. Ich glaube, daß Du alle Deine Geschöpfe liebst und Deine Liebe jeder Existenz Sinn verleiht und auch die Kraft, um weiter zu bestehen.

Ich glaube, daß Du die Kirche liebst, denn sie ist der Leib Deines Sohnes. Ich glaube, daß Du mich liebst und mir aus Liebe das Leben geschenkt hast. Du hast mich schon geliebt, noch bevor ich gezeugt wurde, und erst durch Deine Liebe konnte ich auf die Welt kommen. Ich glaube, daß mir durch die Taufe Deine besondere Liebe zuteil geworden ist und Du mich in die Gemeinschaft der Kirche aufgenommen hast.

Ich glaube, daß Du mich auch dann liebst, wenn ich sündige und mir aus Liebe die Sünden vergibst. Ich glaube an Deine Liebe, obwohl ich weiß, daß ich ihrer nicht würdig bin. Ich glaube, daß Du auch jene liebst, die ich selbst in diesem Moment nicht lieben kann. Ich glaube, daß Deine Liebe die sicherste Garantie dafür ist, daß auch ich das ewige Leben erlangen werde. Ich werde mit Dir leben und Deine unendliche Liebe wird mir zuteil werden. Ich glaube, daß Du durch Deine Liebe viele Deiner Kinder in Dein Königreich aufnehmen wirst.

Ich will um die Liebe beten, und ich glaube, daß Du mich erhören wirst. Ich will gemeinsam mit Maria, der Mutter der Liebe, die sich ganz Deiner Liebe geöffnet hat, beten. Maria, Mutter, bete mit mir und für mich und alle Deine Kinder, die Du unter Schmerzen und in Liebe unter dem Kreuz geboren hast.

Erhöre mein Gebet, Herr, der Du mich liebst und lebst und herrschst in alle Ewigkeit. Amen.

Erstes Geheimnis:

Herr, Du verlangst von mir: Liebe Gott über alles. Ich danke Dir, daß Du mich aufrufst, Dich zu lieben. Ich kann Dich aber nur lieben, wenn Du mir die Gnade der Liebe gibst. Ich bitte Dich, erfülle mein Herz mit Liebe, damit ich Dich unendlich, bedingungslos und in jeder Lebenssituation lieben kann. Schenke mir Deine Liebe, damit ich durch jeden Menschen und jedes Deiner Geschöpfe Dich lieben kann.

Vergib mir, wenn ich Deine Liebe nicht immer erwidert und Dich nicht über alles geliebt habe. Reinige mein Herz, damit ich Dich von nun an über alles lieben kann. Gib, daß auch ich Dich von nun an so lieben kann, wie Dich Dein Sohn, Jesus Christus, und Deine demütige und treue Magd Maria geliebt haben.

Das Gebet des Herrn, 10 Ave Maria, Ehre sei dem Vater, O, mein Gott.

Zweites Geheimnis:

Herr, Du forderst von mir: Liebe dich selbst. Laß mich begreifen, daß mein Leben ein Geschenk ist, das ich von Dir erhalten habe. Du wolltest mich so, wie ich bin, und Deine Liebe will mich erst vollkommen machen. Gib mir die Gnade zu erkennen, daß die Liebe zu mir selbst die erste Antwort auf Deine Liebe ist, ein ständiges Zusammenwirken mit Deiner Gnade bedeutet und ein Wachsen nach Deinem Ebenbild. Laß mich begreifen, daß ich erst durch die Liebe zu mir selbst erkennen kann, daß jeder von uns ein geistiges Wesen ist, das geistiger Nahrung bedarf, und diese wird es nur durch das Gebet, das Mitfeiern der hl. Messe, die Beichte und das Lesen der Heiligen Schrift erfahren.

Vergib mir meine Selbstsucht, meinen Hochmut und meine Eifersucht; befreie mich von jeder Leidenschaft, von Angst und Zweifel, laß nicht zu, daß mich etwas daran hindern könnte, Dich über alles zu lieben und gib, daß auch ich mich so lieben kann, wie Du es von mir forderst.

Das Gebet des Herrn, 10 Ave Maria, Ehre sei dem Vater, O, mein Gott.

Drittes Geheimnis:

Herr, Du gebietest: Liebe deinen Nächsten wie dich selbst. Schenke mir die Gnade, jeden Menschen als Dein Geschöpf und Dein Kind zu sehen, denn Du hast es ja der Welt und mir geschenkt. Gib, daß mein Herz von Deiner Liebe erfüllt werde und ich fähig werde, jedermann zu lieben und das zu tun, was auch ich mir wünsche, daß es mir getan werde.

Vergib mir meinen Mangel an Liebe jenen gegenüber, die andere ablehnen und verurteilen, sie verleumden, ausnutzen und mißbrauchen, sie verführen oder der Freiheit berauben. Vergib mir, daß ich den Leidenden nicht geholfen habe und mich nicht mutig, weise und zur rechten Zeit für die eingesetzt habe, die meiner Liebe bedurft hätten.

Schenke auch den anderen die Gnade, mich zu lieben und mir zu vergeben, damit auch ich ihnen leichter vergeben kann. Gib, daß Deine Liebe die Herzen aller Menschen verbindet, damit die Liebe unter den Menschen zum wahren Frieden führen kann.

Das Gebet des Herrn, 10 Ave Maria, Ehre sei dem Vater, O, mein Gott.

Viertes Geheimnis:

Herr, Du sagst: Liebet eure Feinde und die, die euch beleidigt haben. Vater, Du liebst alle Menschen gleich, und dennoch gibt es auf der Erde so viel Haß und Unversöhnlichkeit. Wie muß doch Dein Vaterherz leiden, wenn es mitansehen muß, wie die Menschen, Deine Kinder, einander hassen und verfolgen, es an Liebe mangeln lassen und einander unsägliches Leid zufügen.

Ich bitte Dich, schenke mir und allen anderen die Gnade der Liebe, damit wir einander lieben können. Laß unsere Liebe alle Grenzen und Schranken überwinden und mach uns stark, damit in unseren Herzen kein Haß aufkommen kann und auf Erden nie mehr Unfrieden herrscht. Laß versiegte Liebe wieder sprudeln und Liebe, die von Sünde behaftet ist, wieder rein werden. Gib der Liebe, die von Haß bedroht wird, die Kraft zu verzeihen und laß sie alle Ungerechtigkeiten überwinden, damit die zwischenmenschlichen Beziehungen wieder ungestört werden. Wecke durch Deine Liebe in den Menschen, denen Gewalt angetan wurde, die Bereitschaft, die Hand zur Versöhnung zu reichen und eine neue Gemeinschaft zu schaffen. Laß uns erkennen, daß nicht der der größte Held ist, der Rache übt, sondern der, der seinen Feind liebt. Laß uns durch die Kraft Deiner Liebe das Gebot befolgen, auch die zu lieben, die uns nicht lieben.

Das Gebet des Herrn, 10 Ave Maria, Ehre sei dem Vater, O, mein Gott.

Fünftes Geheimnis:

Vater, Du verlangst von uns, alle Menschen zu lieben. Während ich um Deine Liebe bitte, vertraue ich Dir die Menschen aus meiner Familie / Gemeinde / Umgebung an, die zwar keine Liebe geben können, aber meine Liebe erhoffen. Gib, daß sich mein Herz erneuert, so wie Du es durch Deinen Propheten vorausgesagt hast. Reiße aus meiner Brust das harte Herz und schenke mir ein liebendes, mitfühlendes und mitleidendes Herz, das durch die Liebe alles ertragen kann. . . (Ich halte inne und vertraue Gott die Menschen an, denen ich meine Liebe schenken will).

Ich bete auch für jene, die mich nicht lieben und nicht bereit sind, mir zu vergeben. Gib, daß sich auch ihr Herz in Liebe zu mir öffnet, denn ich kann nicht glücklich werden, solange ich mich ungeliebt fühle. . . (Ich nenne still die Namen jener

Menschen, von denen ich mich nicht geliebt fühle und bete):

Das Gebet des Herrn, 10 Ave Maria, Ehre sei dem Vater, O, mein Gott.

Maria, Mutter der Liebe, der Güte, der Barmherzigkeit und der Vergebung! Ich fühle, daß Du bei mir bist. Ich weiß, daß Du mich aufrufst, in der Liebe zu wachsen und Gott, mich selbst und meinen Nächsten zu lieben. Gib, daß durch Deine mütterliche Fürsprache Gott, der Herr, meine Gebete erhört und ich von nun an so viel Liebe in mir trage, wie auch Du in Dir getragen hast, um einst von dieser Welt in die ewige Liebe überzugehen. Gib, daß durch Deine Fürsprache alle Deine Kinder einander lieben und sich alles zum Guten wendet. Amen.

Inhaltsverzeichnis